이야기 심리치료

Nossrat Peseschkian, M.D.

오승은 옮김

圖書出版 하나醫學社

마음의 병을 고치는 오리엔트 이야기

(상인과 앵무새)

현대 심리 치료술이 발달하기 훨씬 전부터 옛날 이야기, 우화, 동화 등은 심리치료에 활용되었다. 오늘날에도 중동에서는 사람들에게 웃음을 선사하는 유익한 이야기가 심리치료에 큰 도움을 주고 있다. 이 책에 실린 재미있는 이야기들은 치료자와 환자들 사이에서 가교 역할을 한다. 심리치료라는 틀 속에서 옛날 이야기는 환자로 하여금 판타지의 세계에 몰입하게 함으로써 육체적, 정신적인 병의 진정한 근원이 무엇인지를 알아보도록 통찰력을 키워준다.

수 십 년간 독일에서 내과의사이자 정신과 전문의로 일하고 있는 노스라트 페제스키안 박사는 마음의 문제를 치료하는 데에 옛날 이야기를 활용해왔다. 페제스키안 박사는 옛날 이야기와 우화가 심리치료에 주효할 수 있다는 점에 착안, 이를 임상에 적용하여 많은 환자를 치료하였다. 이 책 속에는 오리엔트 지방의 옛날 이야기가 심리 치료에 어떻게 활용되었는지를 사례를 통해 보여주고 있다. 그러한 사례를 통해 독자 여러분은 자신의 문제를 풀어내는데 도움을 받을 수 있을 것이다.

페제스키안 박사는 1933년에 이란에서 태어났으며 1954년부터는 독일에 정착, 활동하고 있다. 그는 독일, 스위스, 미국에서 심리치료 교육을 받았다. 포지티브 심리 치료술의 창시자인 그는 1969년 이래로 독일 헷센 심리치료 아카데미의 부교수로 재직 중이며, 다른 한편으로는 심리 치료, 가족 치료 분야의 전문의로서 활약하고 있으면서 수많은 저서와 논문을 썼다.

목차

제1부 이야기 심리치료요법에 관한 소개

제2부 이야기 심리치료요법의 실제

상인과 앵무새

옛날, 오리엔트 지방의 한 상인에게는 앵무새가 한 마리 있었는데 그 앵무새는 하루 종일 입을 다물지 않고 말을 해 사람들의 사랑을 독차지하곤 했다. 어느 날 앵무새의 날개짓에 그만 램프가 떨어져 산산조각이 났다. 상인은 매우 화가 나서 앵무새의 뒤통수를 때렸다.

그날이후 앵무새는 말을 하지 않았다. 머리 깃털이 하나 둘씩 빠지기 시작하더니 얼마 지나지 않아 대머리가 되었다. 어느 날 대머리 손님이 가게에 들어왔다. 앵무새는 그 손님을 보는 순간 눈에 생기가 돌았다. 날개를 퍼덕이며 가게 안을 이리저리 날아다니던 앵무새는 마침내 이렇게 외쳤다. "너도 램프 깨뜨려 뒤통수를 맞았구나!"

잘랄룰라 루미

이야기목록

들어가는 글

아이에게 물고기를 주면
한 끼는 먹을 수 있을 것이나
물고기 낚는 법을 가르쳐 주면
평생을 먹고 살 수 있게 된다

– 오리엔트의 지혜

독일사람이나 미국 사람은 퇴근 후 집에서 쉬기를 원한다. 대부분 텔레비전 앞에 앉아 맥주를 마시며 신문을 넘기는 그 모습은 "나를 방해하지 마라. 직장에서 하루종일 시달렸으니 이제는 편안히 쉴 권리가 있어." 라고 말하는 것처럼 보인다. 그에게는 이런 것이 휴식이다.

오리엔트 지방에서는 휴식을 취하는 모습이 이와는 대조적이다. 남편이 집에 돌아올 때에 맞춰 부인은 미리 몇 명을 초대해 놓는다. 남편은 퇴근 후 친지들과 담소를 나누면 그것이 휴식이라고 느낀다. "손님은 하느님으로부터 온 선물이다"라는 격언도 있지 않는가! 휴식에도 여러 가지 형태가 있다. 모든 사람을 만족시키는 휴식에 대한 정의는 없다. 사람들은 각자 몸에 익힌 대로 휴식을 취한다. 그들이 어떤 형태의 휴식에 익숙해 하는지는 그들이 나서 자란 가족, 사회, 문화 등에 달려 있다.

휴식처럼 우리 몸에 익은 관습과 가치관은 다양한 형태를 띠고 있다. 여기에서 말하고자 하는 것은 어떤 것이 더 나은가가 아니고 서로 이야기할 것이 많다는 것을 의미한다. 어떤 문화권에서 형성된 관습은 다른 문화권 사람들에게 도움이 될 수 있다. 이 책을 쓰게 된 동기는 나의 간문화적 관점(the Transcultural view) 때문이다. 지난 13년 동안 나는 간문화적 관점에 바탕을 둔 심리 치료술과 자기 학습 치료법(self-education)라는 새로운 개념의 개발에 몰두해 왔다. 나는 내가 처한 간문화적 상황(독일과 이란)의 결과로 간문화적인 관점을 갖게 되었다. 그와 아울러 내 전공인 심리 치료에 있어서 의사소통을 위한 도구로써 오리엔트의 옛날 이야기에 관심을 두게 되었다. 서양의 심리 치료법과 오리엔트 지방에서 널리 이용된 전통적인 심리 치료술로서의 옛이야기의 지혜와 직관은 깊이 연관되어 있다.

우스꽝스런 인물, 판타지, 직관 등 비이성적인 것들이 뒤섞여 있는 옛이야기들은 현대 산업 사회의 합리적이고 기술 지향적인 인간상과는 분명히 대조적이다. 후자의 성공 지상주의적인 태도는 옛날 이야기의 주제와 도무지 어울릴 것 같지 않다. 우리에게는 성공과 출세가 지상의 목표이다. 인간관계의 질은 뒷전으로 밀려 났으며 이성과 지성은 판타지나 직관보다 높은 가치를 지닌 것으로 여겨지고 있다. 우리는 역사적, 문화적으로 결정된 이런 불균형 상태를 다른 역사적, 문화적 틀(간문화적 관점)을 통해 봄으로서 기존의 사고방식과 생활 양식을 바로 잡을 수 있을 것이다. 나는 이 책에서 간문화적인 측면의 보편성을 설명하고 간문화적 상황으로 인해 발생하는 문제의 내용을 체계화했으며 갈등의 상황 하에서 간문화적인 관점이 얼마나 유익한지를 보여주려고 노력했다. 나는 또한 단기 치료법의 일환으로 갈등 혹은 문제 중심의 치료(Conflict-centered therapy)에도 이 책의 내용이 유효하도록 노력했다.

이러한 시도에 많은 어려움이 있을 것이라는 점은 알고 있지만 우리 모두가 서로 이방인이라는 사실을 인정한다면 이런 시도가 유용할 것이라고 믿는다. 그간 여러 가지 오해가 있었음에도 불구하고 '다양성 속의 융합' 이라는 희망적인 조짐이 싹트고 있다. 이 책에서 여러 번 강조된 '다양성 속의 융합' 이란 이 원칙을 바하올라는 다음과 같이 이렇게 표현했다: "너희는 한 나무의 잎이요, 한 가지의 열매이니라."

치료자와 환자 사이의 매개물로서 활용되는 옛날 이야기는 중요한 역할을 한다. 그러한 이야기는 환자들에게 동일시(Identification)의 기반을 제공하고 동시에 환자들의 보호막 구실을 할 수 있다. 환자들은 이야기와 연관하여 자기 자신, 자신이 지니고 있는 갈등, 욕망 등에 대해 이야기 하게 된다. 특히 심적 부담감이나 저항이 있는 상황 하에서 이야기들은 더욱 그 진가를 발휘한다. 이야기를 통하면 치료자는 환자의 생각이나 가치관을 직접적으로 공격하지 않고 환자들이 놀이 마당에서처럼 부담 없이 문제에 접근하도록 유도할 수 있다. 환자들 또한 관점을 달리함으로써 다른 사람과의 관계를 재해석하고 확장할 수 있게 된다.

한번에 모든 일을 하려 하지 마라

다음에 소개하는 '물라(이슬람 학자)와 마부 이야기'는 의사, 환자, 교사 혹은 부모들에게 도움을 줄 수 있다.

> *어느 날 물라가 설교를 하러 모스크에 갔다. 젊은 마부 한 사람만 앉아 있을 뿐 안은 텅 비어 있었다. 물라는 과연 설교를 해야 할지 망설이다가 마부에게 물었다. "여기 당신밖에 없는데 설교를 해야 할까요, 말아야 할까요?"*
>
> *"저는 무식해서 나으리가 하시는 말씀을 잘 이해하지 못합니다. 하지만 마구간에 말들이 모두 도망가고 한 마리밖에 안 남았더라도 그 놈에게 먹이를 줄 겁니다."*
>
> *물라는 고개를 끄떡이며 설교를 시작했다. 그 설교는 길어져 두 시간을 넘겼다. 설교를 마친 물라는 신이 나서 자신이 얼마나 멋진 설교를 했는지 마부에게 확인을 받고 싶었다.*
>
> *"어찌 들을만했소?"*
>
> *"제가 이미 말씀드렸듯이 제가 무식해서 나으리의 설교를 잘 이해하지 못합니다. 하지만 제 마구간 말들이 모두 도망가고 단 한 마리 밖에 없으면, 그 놈에게 먹이를 다 주지는 않았을 겁니다."*
>
> (오리엔트의 우화)

우리는 이 이야기를 통해 환자를 치료하거나 학생들을 가르칠 때 생기는 전형적인 문제를 해결할 수 있다. 의사나 교사들은 정보를 한꺼번에 너무 많이 주거나, 아니면 반대로 너무 적게 주는 경향이 있다. 두 가지 상황 모두 상대방의 수준을 고려하지 않은 것이다. 나는 이러한 문제를 해결하고 진정한 자아를 찾는 일에 옛날 이야기나 우화가 도움을 줄 수 있는 것은 그 속에 상상력과 직관력을 자극하는 요소가 있기 때문이다.

이 책에서 말하고자 하는 명제는 우리가 '마음의 병을 옛날 이야기를 통해 고칠 수 있다'는 것이다. 나는 이미 *일상생활 속에서의 심리치료와 포지티브 심리치료*에서 옛날 이야기와 우화를 사용한 적이 있다. 환자를 치료하면서 내가 경험한 것과 독자들이 보낸 편지의 내용은 나로 하여금 이런 옛날 이야기 속에 숨겨진 메시지가 무엇인지 궁금하게 만들었다. 내가 알고 싶었던 것은 이야기의 재미가 아니고, 그런 이야기가 어떤 종류의 문제를 해결할 수 있고 또 어떤 마음의 병을 다스리는데 도움을 줄 수 있는지였다. 나는 마음의 병을 치료한다는 점에 있어서 옛날 이야기가 약과 비슷한 작용을 한다는 사실을 발견했다. 옛날 이야기를 적절하게 구사한 경우, 그것은 마음의 병을 치료하는데 대단히 효과가 있었으며 그를 통해 환자의 태도와 행동이 크게 변화한다는 사실을 알게 된 것이다. 그러나 의사가 위선적인 태도를 보이거나 비도덕적인 행위를 조장하는 쪽으로 옛날 이야기를 활용한다면 그 결과는 치명적일 것이다.

지난 8년 동안 이 책에 실린 이야기를 수집하면서, 옛날 이야기에는 뭔가 신비로운 것이 있다는 사실을 점점 더 확신하게 되었다. 이러한 경험을 통해 지금까지는 평범했던 것들이 새롭게 다가왔다. 그리고 전에는 멀게만 느껴졌던 사고방식이 친근하게 느껴졌다. 이런 시각의 변화야말로 이야기의 본질적인 기능이라고 생각한다. 나는 독자들 또한 이야기를 즐기면서 세상을 보는 새로운 시각을 찾기를 바란다.

> *과학과 수학, 논리학 등은 인간의 의식 발달에 필수적이다. 그러나 가끔은 시, 놀이, 옛날 이야기도 필요하다. 그를 통해 우리의 정신이 기쁨을 얻고 원기를 회복할 수 있기 때문이다.*
>
> (사이드)

이 책의 1부에서 '이야기 요법'을 소개한다. 이 이론은 포지티브 심리치료 이론에 뿌리를 두고 있으며 이야기가 인간 관계에 미치는 영향, 특히 심리적인 문제 해결과 심리치료 상황에서 그것이 하는 역할에 대해 논하고 있다. 2부에서 이야기를 실생활에서 어떻게 응용할 수 있을지를 소개할 것이다. 2부의 1장에서는 여러 종교 경전에 나오는 우화의 교육적 의미를 살펴 볼 것이다. 종교 경전이야말로 이야기가 어떤 효력을 지니고 있는지 보여주는 전형적인 예이다. 2장에는 현실에서 흔히 보는 의사와 환자의 관계뿐만 아니라 이야기 속에서 그 관계가 시대적으로 변했는지를 보여주는 이야기들을 소개될 것이다. 3장과 4장은 심리치료에서 옛날 이야기가 어떻게 응용되는 지를 다루고 있다. 먼저 부부 문제와 성에 관한 문제를 다루고, 이어 여러 가지 마음의 병과 치료와 관련된 문제를 다룰 것이다.

비스바덴 심리치료 그룹(PEW)과 헷센주 의힉 협회에 속해 있는 평생교육 아카데미에서 나와 함께 일했던 많은 동료 의사들이 이야기 요법을 시행하면서 관찰한 것들을 들려 주었고, 나의 환자들도 이야기 요법에 자신의 반응을 말해 주었다. 이 자리를 빌어 그분들에게 감사한다. 이야기 요법에 대해 토론해주고 이야기 요법을 교육 현장에서 응용한 교사들에게도 여기서 특별히 감사드린다. 이야기 요법의 내용을 책으로 펴내라고 격려해준 친구들과 동료 의사들에게도 감사드린다. 이 책이 나오기까지 창조적이고 비판적으로 참여해 준 동료, 디이더 쉔과 한스 데이덴 바흐에게 많은 빚을 졌다. 비서인 크리거, 키르쉬, 호프만도 나에게 많은 도움을 주었다. 간문화적인 환경에서 성장한 여동생인 레즈완 스펭그러와 아우 호우상 페제스키안도 간문화적인 실례 자체이기에 나에게 많은 아이디어를 주었다.

이 책을 영어로 번역해준 시카고의 마사 루힐핑에게도 심심한 감사를 표하고 싶다.

아내인 마니제도 오리엔트의 옛날 이야기 수집과 민간 심리치료법을 모으는데 많은 도움을 주었다. 책을 쓰는 사이에 오리엔트의 옛날 이야기 분석에 전문가가 된 아들 하미드와 나위드에게도 고맙다는 말을 하고 싶다.

비스바덴에서

노스라트 페제스키안

1부 이야기 심리치료 요법 소개

1. 시련을 감당할 용기

현명한 인물을 자신의 총리 대신으로 삼고 싶었던 왕이 있었다. 어느날 대신들을 불러 모은 자리에서 왕이 말했다, "경들은 들으시오! 짐이 문제를 하나 낼 터이니 풀어 보시오." 왕은 육중한 성문을 가리키며 말을 이었다. "경들은 지금 이 나라에서 가장 크면서 무게도 제일 많이 나가는 성문을 보고 있소. 짐은 경들 중 누가 이 성문을 열 수 있는지 알고 싶소. " 몇몇의 신하가 성문에 가까이 가서 문을 만져보고는 고개를 떨군 채 물러났다. 나머지 신하들은 아예 엄두도 못냈다. 이때 한 대신이 성문으로 다가갔다. 그는 문을 살펴본 다음, 온 힘을 다해 성문을 밀었다. 그러자 성문이 열리는 것이었다. 성문은 완전히 닫혀 있지도, 잠겨 있지도 않았다. 문을 열기 위해 필요한 것은 예리한 관찰력과 약간의 담대함이었다. 왕이 말했다. "경은 다른 사람의 실패에 개의치 않고 기지와 용기를 발휘했느니라. 이에 짐은 경을 총리 대신에 임명하노라."

나는 지난 몇 년간 오리엔트, 주로 페르시아 지방의 옛날 이야기와 우화를 수집했다. 이 책에 실린 이야기는 사람들 사이에서 흔히 생기는 문제의 원인과 결과를 보여주기 때문에 선택된 것이다. 내가 오리엔트의 옛날 이야기에 관심 가졌다는 사실은 그리 중요한 문제가 아니다. 비록 정치적, 역사적 상황으로 인해 다른 형태로 보이기는 하나 동서양의 옛날 이야기들은 많은 면에서 볼 때 같은 뿌리에서 나왔다고 할 수 있다.

우리는 옛날 이야기나 우화가 어린이들의 전유물로 생각하는 경향이 있다. 옛날 이야기를 들려주는 서양 할머니는 오리엔트 지방의 직업적인 이야기꾼과 마찬가지로 시대에 뒤떨어진 사람처럼 보인다. 이 사실은 옛날 이야기나 우화가 논리와 이성보다는 직관과 상상력에 호소하는 것과 관련이 있을지도 모른다. 꽤 오랫동안 옛날 이야기는 전통적인 교육에 이용되었다. 옛날 이야기는 윤리의식을 전달하고 뿌리내리게 하는 수단이었다. 옛날 이야기가 지니고 있는 오락적인 측면은 여기에 도움을 주었다. 그래서 쓰디쓴 교훈조차도 달콤하게 포장이 되었다.

옛날 이야기가 담고 있는 '도덕적인 교훈' 은 다양한 방식으로 전달된다. 드러나 있기도 하고 변장을 하는가 하면 어떤 경우는 단지 암시만 한다.

2. 오리엔트에서의 민간 심리치료

연기

사형 선고를 받은 사람이 하킴 판사의 발 아래 엎드려 살려달라고 했다. 그러나 판사는 꿈쩍도 하지 않았다. 죄질이 나쁘고 그의 무죄를 입증할 만한 증인도 없었기 때문이다. 하킴 판사는 반응을 보이지 않자 애걸하는 게 헛수고라는 것을 깨달은 사형수는 판사에게 마지막 소원을 하나 들어 달라고 말했다. '죽음을 앞둔 사람에게 자선을 베푸는 것은 현명한 일이지. 만에 하나 있을 수 있는 오판을 위해서도 그렇고…..' 라고 생각한 하킴 판사는 "그래, 네 소원은 무어냐?" 라고 물었다. "판사님, 저의 소원은 두 소절로 된 기도문을 낭송하는 것입니다." 하킴 판사는 사형수의 소원을 들어 주었다. 그러자 사형수는 판사의 눈을 뚫어지게 바라보는 것이었다. 입에서는 한 마디 말도 흘러 나오지 않았다. 마침내 참을성을 잃은 판사가 퉁명스럽게 물었다, "왜 기도를 올리지 않느냐?" 사형수가 대답했다, "판사님, 불안해서 못하겠습니다. 기도가 끝나기 전에 망나니의 칼이 제 목을 댕강 잘라버리지 않을 거라고 누가 보장해 준단 말입니까?" 판사는 사람들이 들으라는 듯이 큰소리로 말했다. "그렇다면 하느님과 그 분의 예언자의 이름으로 맹세하거니와, 네가 기도를 끝낼 때까지는 아무 일도 없을 것이니라." 사형수 죄수는 메카를 향해 무릎을 꿇고 앉은 다음 기도를 시작했다. 첫 소절이 끝나자 그는 벌떡 일어나더니 더 이상 기도를 하지 않는

것이었다. 판사는 화가 나서 물었다, "이게 무슨 짓이냐? 이제 네 목이 정의의 칼 맛을 보고 싶다는 거냐?" 사형수가 말했다, "판사님, 판사님께서는 하느님의 이름으로 맹세하셨습니다. 제가 처형당하기 전에 두 소절로 된 기도문을 낭송할 수 있다고 말입니다. 저는 처음 소절은 낭송했고 다음 소절은 25년 뒤에 낭송하기로 결심한 것뿐입니다. "

오리엔트 지방에서는 옛날 이야기를 인생의 교훈을 가르치는데 쓰여져 왔다. 인생의 교훈을 가르치는 역할은 이야기 속에서 오락의 기능과 결부되어 있었다. 옛날 이야기를 들려주는 사람은 전문적 이야기꾼이나 이슬람 신비주의자인 수피였다. 그들은 옛날 이야기를 통해 사람들의 지적 욕구를 만족시켜주고 그들로 하여금 자신이 누구인지를 깨닫게 해줌으로써 인생의 문제를 해결하는데 도움을 주었다. 오리엔트의 옛날 이야기는 꾸란에서 연유된 종교적인 가르침을 중심으로 구성되어 있다. 그로부터 연유하지 않는 옛날 이야기들은 권선징악적인 내용을 담고 있다. 찻집이나 휴일 저녁의 가족 모임에서 사람들은 그러한 이야기를 들을 수 있었다. 특별한 경우엔 넓은 장소에 모여 연극으로 각색된 이야기를 감상했다. 춤이나 노래까지 곁들인 이야기는 사람들의 감정을 더욱 고양시켰다. 내가 아는 한 이러한 공연은 남녀가 함께 즐길 수 있는–물론 나중에는 여성들이 베일을 써야 했지만–유일한 대중 문화였다.

3. 천일야화

3개의 황금 인형

옛날 어느 나라에 매우 똑똑한 왕이 있었다. 그는 이웃 나라 왕에게 자신의 기지를 자랑하고 싶었다. 그래서 이웃 나라 왕에게 황금 인형 3개를 보냈는데 모두 같은 모양에 무게도 동일했다. 인형과 함께 그가 써 보낸 질문은 3개의 황금 인형 중 어느 것이 가장 가치가 있는지 알려 달라는 것이었다.

이웃 나라 왕은 신하들과 함께 인형들을 살펴 보았다. 그러나 티끌만한 차이도 발견할 수 없었다. 심지어 그 나라에서 가장 현명하다고 알려진 사람도 세 개의 인형 간에는 아무런 차이도 없다고 말했다. 그러나 왕으로서는 그런 대답을 보낼 수 없었다. 행여 인형들 사이에 그 어떤 차이가 있을 경우, 그것은 왕국의 불명예를 의미하기 때문이다. 온 나라가 이 문제로 고민하고 있을 때 한 젊은이가 감옥에서 편지를 보내 왔다. 만약 자신에게 황금 인형을 보여준다면 그 차이점을 알아내겠다는 내용이었다. 왕은 그를 궁중으로 불러 황금 인형 3개를 보여 주었다. 청년은 인형들을 면밀히 살펴 보았다. 그리고 인형의 귀에 모두 작은 구멍이 있다는 사실을 발견했다. 청년은 가느다란 은실을 그 구멍에다 넣었다. 그리하여 그는 첫 번째 인형은 실이 입으로 나오고, 두 번째 인형은 실이 반대 편 귀로, 세 번째 인형은 실이 배꼽으로 나온다는 사실을 알아냈다. 청년은 한참동안 생각한 뒤에 왕을 향해

몸을 돌렸다. "폐하, 이 수수께끼에 대한 해답은 마치 펼쳐져 있는 책처럼 명백하다고 사료되옵나이다. 폐하께서 아시다시피, 사람들이 모두 서로 다른 것처럼 이 인형들도 각각 독특합니다. 첫 번째 인형은 들은 이야기를 밖으로 나가는 즉시 다른 사람에게 말해버리는 사람과 같고, 두 번째 인형은 한쪽 귀로 들은 것을 다른 귀로 흘려 보내는 사람과 같습니다. 그리고 세 번째 인형은 자신이 들은 바를 소화해서 자기 것으로 만드는 사람과 같습니다. 폐하! 이런 사실을 기초로 해서 인형의 가치를 판단하시면 되겠습니다. 폐하의 신하로 어떤 사람을 원하시나이까? 아무 것도 간직하지 못하는 사람이 있는가 하면, 폐하의 말씀을 귓가에 스치는 바람보다도 더 못한 것으로 여기는 사람도 있습니다. 그러나 다른 한편으로는 폐하의 말씀을 가슴에 새겨 그것을 지키는 사람도 있사옵나이다.

옛날 이야기는 과학적인 심리치료법이 발달하기 훨씬 이전부터 민간 요법으로 사용되었다. 옛날 이야기가 인생의 문제를 어떻게 다루어 왔고, 넓은 의미에서 심리 치료법의 역할을 했는지에 대해서는 수 많은 실례가 있다. 아마도 가장 잘 알려진 예는 배신감으로 인해 복수심에 불탄 왕을 치료하는데 옛날 이야기가 어떻게 이용되었는지를 보여준 '천일야화' 일 것이다.

천일야화는 두 가지 측면에서 살펴볼 수 있다. 첫째는 무엇보다도 현명한 세헤라자데가 심리적으로 병든 왕을 고쳤다는 것이고, 둘째는 독자들이 이야기로부터 교훈을 이끌어내어 자신이 지니고 있는 마음의 병을 치료할 수 있다는 것이다. 이는 비단 오리엔트 이야기에 국한된 것이 아니다. 어느 지역에서건 옛날 이야기들은 같은 기능을 지니고 있다.

옛날 이야기, 동화, 신화, 우화, 비유, 시, 해학 같은 장르는 예술을 위한 예술이라기 보다 사람들의 심리적인 문제를 풀어 주고 그로 인한 병을 치료해 주는 치료 요법 내지 민간 교육 자료의 역할을 했다. 이 모든 사실은 나로 하여금 다음과 같은 질문을 던지게 했다. 옛날 이야기는 어린 아이들을 위한 허튼 소리나 어른들을 위한 향수에 지나지 않을까? 혹은 단지 감상적인 가치 밖에 없는 것일까? 옛날 이야기를 심리치료에 의도적으로, 그리고 의식적으로 활용할 수는 없을까?' 나는 치료 현장에서, 혹은 세미나나 강연을 통해 옛날 이야기가 지닌 호소력을 실감했다. 옛날 이야기 속에서는 각종 이미지가 살아 숨쉬는 장(場)이다. 이미지는 감정이입의 능력을 발달시켜 주고 자기 자신에 대한 이해를 도와준다.

많은 사람들은 심리치료의 추상적 이론이나 개념들과 마주칠 때 매우 부담스러워 한다. 심리치료는 전문가들을 위한 것이 아니고 그들과 환자를 이어주는 가교이기 때문에 우선 이해하기가 쉬워야 한다. 신화 같은 옛날 이야기는 언어화된 이미지이기 때문에 이해를 촉진시킬 수 있다. 그 속에는 정신적, 인간적, 사회적인 내용과 사건이 담겨져 있으며 해결 방법도 제시되어 있다. 또한 환자의 직접적인 경험 세계로부터 자유롭고, 환자의 약점을 드러날 때 있을 수 있는 저항을 불러일으키지 않기 때문에 적절하게 활용이 된다면 환자에게 많은 도움을 줄 수 있다. 이러한 깨달음이 나로 하여금 옛날 이야기를 치료과정에 끌어 들이게 했다.

4. 포지티브 심리치료

지식은 돈이다

어느 날 농부가 트렉터로 밭을 갈고 있었다. 그러나 트랙터가 갑자기 멈추는 것이었다. 농부는 트랙터를 고치려고 했지만 트랙터는 꼼짝도 하지 않았다. 마침내 그는 기술자를 불렀다. 기술자는 후드를 열어 모든 부분을 샅샅이 조사하였으나 어디가 고장 났는지 알 수 없었다. 그는 최후의 수단으로 망치를 들었다. 망치로 엔진을 치자 기계가 다시 돌아가기 시작했다. 엔진은 언제 고장이 났었느냐는 듯이 잘 돌아갔다. 하지만 계산서를 보자 농부는 깜짝 놀랐다.

"뭐, 10만원이라고! 망치로 한 대 친 것 밖에 없는데…."

"어르신, 망치 한 대엔 500원 밖에 계산을 안 했어요. 그렇지만 어디에 망치를 쳐야 되는 지를 찾는데 든 비용이 9만 9천 5백원인걸 어떡합니까?"

나는 1968년도부터 '변별화 분석'과 '스스로 치료하기' (self-help)라는 개념을 포함하는 '포지티브 심리 치료법' 을 개발해 왔다. 이 치료법의 원리와 기법은 *포지티브 심리치료: 새로운 방법의 이론과 실제* 라는 필자의 책에 자세히 설명되어 있으므로 여기서는 간단하게 소개를 하는데 그친다.

포지티브 심리치료법은 3가지 과정으로 이루어져 있다.

a) 긍정적 사고 과정

b) 내용 분석 과정

c) 포지티브 심리치료를 위한 5단계 과정

a) 긍정적 사고 과정

'포지티브 심리치료법' 은 간문화적인 사고에서 나왔다. '포지티브' 의 어원인 라틴어 포지툼의 뜻은 '사실의', '정해진' 을 의미한다. 심신의 질병이나 심리적인 문제는 '사실' 도 아니고 '정해진' 것도 아니다. 어쩌면 사실이라고 혹은 정해졌다고 생각하는 것 속에 보다 나은 해결책을 찾는데 도움이 되는 그 어떤 것이 내재되어 있을 지도 모른다. 그러므로 우리는 마음의 병과 그 증상 그리고 문제가 된 심리적 갈등에 대한 상투적인 생각에만 매달리지 않도록 노력해야만 하며, 그 대신 문제를 새로운 시각에서 문제를 바라보도록 노력해야 한다. 환자는 마음의 병뿐만 아니라 그 병을 이겨낼 능력도 갖고 있다는 사실을 아는 것이 매우 중요하다. 이 사실을 이용해 환자를 도와주는 것이 치료자의 역할이다. 긍정적 사고 과정에서 치료자는 환자 의식의 지평선 너머에 있는 잠재 능력을 알려주려고 노력한다. 그를 통해 시각이 바뀌어지고 만성적인 심리적 문제로부터도 자유롭게 될 수 있기 때문이다. 예를 들어, 배우자가 외도를 했을 때 그 해결책은 여러 가지가 있다. 문제는 각각의 해결책에 따라 그 결과가 판이하다는 사실이다. 총이나 칼을 사용해서 '정의' 와 '명예' 를 회복하거나, 술로 분노를 달랠 수도 있다. 혹은 마약을 복용해 환각의 세계로 도피할 수도 있으며, 배우자를 배신함으로써 복수를 할 수도 있다. 심지어는 무의식적으로 병이 들기를 바라는 경우도 있다. 이렇게 해서 병이 드는 경우를 심신화(somatization)라고 부른다. 아니면 이해력을 넓히고 통찰력을 얻기 위해 다양한 통로를 통한 대화의 문을 두드릴 수도 있다.

마음의 병을 이해하는 데에도 이와 비슷한 과정을 적용할 수 있다. 불감증을 예로 들어 보자. 어떤 부부가 불감증을 단지 '성적인 냉담함', 혹은 '오르가즘에 도달하지 못하는 것'으로 인식하다가 불감증이 지니고 있는 긍정적인 의미에 생각이 미친다면, 이를 다르게 인식할 것이다.

대안적인 의미 중의 하나는 불감증이 일종의 자신의 신체를 거부하는 방식이라는 것이다. 이 새로운 해석은 사람들에게 강력한 영향력을 행사할 수 있다. 이 해석은 여성의 자기이해와 이 문제가 배우자와의 관계에 미치는 영향, 그리고 앞으로의 치료방향까지 영향을 미친다. 긍정적 사고 과정은 의학적인 면에서나 심리치료적인 면에서, 혹은 잠재적인 환자의 입장에서 문제를 새로운 시각에서 보도록 하는 촉매이다.

옛 이야기 속에서 우리는 문제를 새로운 사고 방식으로 해결한 사람들을 만나게 된다. 여기에서 논리적인 사고는 주어진 문제를 해결하는데 별 도움을 주지 못한다. 역설적으로 들리겠지만 사실 논리적인 사고방식은 흔히 문제를 악화시킨다. 반대로 이야기는 '현실적'이면서도 '긍정적인' 해결책을 제시해 주곤 한다. 사람들은 이야기 속에 심리적인 문제의 해결책이 있으리라고 기대하지도 않고, 왜 그 해결책이 효과적인지도 잘 이해하지 못한다. 이야기 속에 제시된 문제의 해결책은 겉으로 보기에는 비현실적이고 비논리적인 것처럼 보이지만, 많은 경우 문제라는 감옥으로부터 벗어나는 데 도움을 줄 수 있다. 다음에 소개하는 이야기는 포지티브 심리치료법이 적용되는 과정을 상징적으로 보여 준다.

정신적으로 아픈 사람뿐만 아니라 모든 아픈 사람의 상황은 오랫동안 한 발로 서 있는 사람의 상황과 비슷하다. 얼마 후 쥐가 나고 체중을 받치고 있는 다리는 아프기 시작한다. 그러나 아픈 것은 그의 다리가 아니다. 이상한 자세가 몸 전체 근육을 긴장시켜서 쥐가 나게 한 것이다. 결국 고통을 참을 수 없어 주위에 도움을 청하게 된다.

이쯤 되면 많은 사람들이 도와주러 온다. 어떤 사람은 그의 다리에 마사지를 해준다. 두 번째 사람은 긴장된 목 근육을 주물러 주고, 세 번째 사람은 그가 균형을 잃었다는 것을 알아내어 자신의 팔로 그를 받쳐준다. 구경꾼 중 한 사람은 두 손으로 뭘 붙잡아야 설 수 있을 것이라고 말하고, 어느 현명한 노인은 그가 다리가 전혀 없는 사람보다도 형편이 훨씬 낫다는 것을 깨달아야 한다고 충고한다. 또 다른 사람은 자신이 깃털이라는 상상을 해보라고 주문한다. 이미지에 집중하면 할수록 그만큼 고통이 사라지기 때문이다. 사리에 밝은 노인은 이렇게 말한다. “시간이 지나면 다 해결책이 생기는 법이니 기다리게!” 마침내 어느 구경꾼이 이 가엾은 남자에게 다가와 묻는다, “왜 당신은 한 발로 서 있소? 다른 한쪽 다리를 펴면 될걸.”

b) **내용 분석 과정**

두 인생의 반

나스루딘은 작은 배를 한 척 갖고 있었다. 그는 그 배를 아주 자랑스러워 했다. 어느날 그는 유식하다고 이름난 교장 한 사람을 뱃놀이에 초대했다. 배가 호수 중간에 이를 즈음 교장은 나스루딘에게 물었다. "오늘 날씨가 어떨 것 같소?" 나스루딘은 하늘을 올려다 보더니 이마를 찌푸렸다. "풍랑이 우리를 몰려올 것 같네요." 교장은 얼굴을 찡그리며 빈정거리듯 말했다. "선생, 문법도 안 배웠소? '우리를'이 아니고 '우리에게'라고 해야지요."나스루딘은 어깨를 으쓱이며 말했다. "문법이 밥 먹여줍니까?" 교장은 이에 흥부해서 목소리를 높였다. "문법을 모른다는 건 당신이 인생의 반을 허비했다는 뜻이요."

나스루딘이 말한대로 먹구름이 수평선을 뒤덮고 강풍이 불기 시작했다. 배는 가랑잎처럼 풍랑에 흔들렸다. 새파랗게 질린 교장선생님에게 나스루딘이 물었다. "교장선생님, 개헤엄 치는 법이라도 한 번 배워 본 적이 있습니까?"

"아니, 수영을 배워서 뭐에 필요합니까?" 나스루딘은 정색을 하면서 대답했다. "헤엄을 칠 수 없다는 건 인생 전부를 잃을 수도 있다는 말이죠. 우리 배가 언제든지 가라앉을 거니까요."

나는 환자들의 일상생활 속에는 매일 반복되는 현상이 있다는 사실을 발견했다. 세계 각국에서 온 환자들을 치료하면서 알게 된 것으로 어떤 사람이 동일한 행동 패턴을 반복하는 경우, 이는 그에게 심리적인 문제가 있다는 것을 말해주는 증상이라는 것이다. 다른 사람이 생각하기에는 마음의 병을 일으킬 만한 사건이 아닌, 아주 미미한 사건이라도 반복적으로 일어나게 되면, 그것이 곪아서 결국 마음의 병으로 자라나게 되는 것이다. 내가 발견한 사실 중에 하나 흥미로웠던 것은 심리치료 차원에서 문제라고 여겨지는 것이 윤리나 종교의 영역에서는 미덕으로 여겨지기도 한다는 것이다.

나는 인간이 취할 수 있는 행동의 영역을 분류한 뒤, 그를 바탕으로 설문지를 만들었다. 사람들의 심리적인 능력을 조사하기 위한 것이었다. '실질적인 능력'(Actual Capabilties)이라고 명명된 이 능력은 두 가지 범주로 나눌 수 있다. 첫번째 범주는 주로 사회적 성취와 관련된 것으로서 민첩함, 질서, 청결, 복종, 예의, 한결같음, 충성, 정의, 성취욕, 검소함, 책임감, 정확성 등의 사회 심리적 규범이 여기 속한다. 두 번째 범주는 개인적 정서와 관련된 것으로서 사랑, 인내, 시간 준수, 모범을 보임, 신뢰, 접촉욕구, 성, 희망, 믿음, 일관성 등이 있다.

실질적인 능력은 사회화 과정에서 사회와 문화가 제공한 가치 체계에 의해 형성되는데, 개인의 발달 과정에 따라 여타의 능력이 추가되기도 한다. 실질적인 능력은 '자아상' 속에 녹아 들어가 한 개인이 환경을 인식하고 문제를 해결하는 방식을 결정한다. 실질적인 능력은 다음의 4가지 매체를 통해 영향력을 행사한다.

1. 감각기관을 통하여

2. 이성을 통하여

3. 전통을 통하여

4. 직관과 상상력을 통하여

실질적인 능력은 우리 행동의 길잡이 역할을 한다. '겸소함' 과 '성취욕' 이란 능력을 예로 들어보자. 이 두 능력을 지닌 사람은 이렇게 생각한다. 저축을 했다면 무언가 소유했다고 생각한다. 무언가 소유를 한다면 그는 자신이 성취한 사람이라고 생각한다. 이러한 '생각' 은 그의 여타의 행동과 경험에도 영향을 미칠 것이다(자기 신체에 대한 태도, 식습관, 기쁨을 느끼는 방식, 욕구 충족, 직업, 배우자, 다른 사람과의 관계, 상상, 창의력, 그리고 마침내는 그의 미래까지). 또 겸소함과 성취욕이라는 능력이 "저축하는 것이 돈 버는 것이다", "직업적인 성공이 제일 중요하다", "나에겐 내 이익을 챙겨주는 사람만 필요하다", "감정이란 헛된 것이다."와 같이 다른 생각, 예를 들면 어울리면 그 사람의 또 다른 가능성에 결정적인 역할을 할 수 있다. 이 같은 형태로 생각은 감정과 밀접하게 연결되어 있다. 특히 갈등 상황에서 특정한 생각은 분노와 불안을 야기시킨다. 어떤 사람은 성공, 야망, 근검절약을 중요시하는 반면에, 다른 사람은 질서, 민첩함, 대인관계, 정의, 예의, 정직 등에 더 중요하게 생각한다. 이와 같은 각각의 규범은 사람들마다 우선 순위가 다르다. 이는 그들이 몸담고 있는 사회나 그들이 처한 상황이 각기 다르기 때문이다. 이 다양한 가치 지향성은 인간 관계에서 서로 충돌하여 갈등과 불화를 일으키기도 한다. 예를 들어, 습관적으로 정리정돈을 안 하는 남자의 생활 습관은 청결한 것을 중시하는 부인에게는 거의 견딜 수 없는 문제가 될 수 있다. 그런 경우 부인은 남편의 상이한 가치관을 견디느니 차라리 남편을 바꾸려고 할지도 모른다. 포지티브 심리치료법에서는 실질적인 능력을 매우 중요하게 여긴다. 이 치료법에서는 변별화 분석 검사(DAI)를 실시, 먼저 문제의 소지가 있는 영역과 관련된 환자의 심리적 능력을 측정한 다음, 정확히 진단하여 문제가 어디에 있는지 알려준다. 검사를 실시함으로써 마음의 병, 문제, 또는 스트레스를 지칭하는 단어를 쓸 필요가 없어지고, 그 대신에 무엇에 대해, 누구와 함께 있을 때, 어떤 상황에서, 언제 문제가 되는 반응이 일어 나는지를 알아 낼 수 있게 되는 것이다. 예를 들어, 남편이 늦게 들어오는 날에는 영락없이 발작 증세를 일으키는 여성이 있었다. 그녀는 '혼자 있다' 는 공포감 이상의 것, 즉 '접촉 욕구' 라는 실질적인 능력에 문제가 있는 것이다. 또 그녀의 반응은 '시간 준수' 와도 관련이 있다. 이러한 변별화 검사는 문제가 발생 할 수 있는 조건을 보다 면밀하게 파악하도록 도와준다.

실질적인 능력은 이야기 속에서 다양하게 표현된다. 순종, 예의, 질서 같은 능력을 옹호하는 이야기도 있는가 하면 그런 것을 지양하는 이야기도 있다.

실질적인 능력을 이차적인 능력(성취)과 일차적인 능력(감정)으로 나누는 것은 두뇌에 대한 연구 결과와도 일치한다. 연구 결과에 따르면, 뇌의 양쪽 반구가 각각 독자적인 정보처리 시스템에 따라 운

영되고 있다. 좌반구는 의사 소통의 언어적 요소를 분석해서 논리적인 결론을 내린다. 다시 말해 좌반구는 이해력과 추리력을 담당한다는 말이다. 이는 좌반구가 성취 지향적인 이차적 능력과 관련이 있다는 사실을 말해준다. 좌반구에 비해 보통 영향력이 적은 우반구는 종합적인 이해력, 전체적인 사고, 비유, 상상력 등을 담당한다. 우반구는 감성지향적인 일차적 능력을 관리하기 때문에 '직관'과 '상상'의 자리이다. 이러한 연구결과는 심리치료에서 이야기와 신화를 이용하는 것이 주요하다는 나의 이론을 지지하는 것이다. 심리치료를 받은 환자에게 시각의 변화가 일어나는 것은 이야기를 통해 자유로운 직관력과 상상력이 자극을 받기 때문에 가능한 것이다. 특히 이성과 논리만으로 문제를 극복할 수 없을 때, 이야기 요법은 중요한 역할을 한다. 환자들은 상상의 세계 속으로 걸어 들어가 이야기가 제공하는 전형적인 이미지를 떠올림으로써 자신의 문제를 해결하는 법을 배우는 것이다.

일상 생활에서 일어나는 거의 모든 사건은 다양한 실질적인 능력과 그것이 지닌 영향력을 보여준다. 여기에서 예를 하나 들어보자. 다음 이야기 속에서 흐름을 결정하는 것은 어떤 능력인지 파악해 보기 바란다.

40대의 기혼남으로서 사업을 하는 K씨는 기차에 앉아 있다. 그는 신문의 경제란을 읽고 있다. 가끔 고개를 들어 창문을 통해 스쳐 지나가는 풍경을 본다. 기차가 정거장에 잠시 정차하자, 문이 열리고 젊은 아가씨가 들어 온다. 아가씨는 꽤 큰 여행 가방을 선반에 올리려고 애를 쓴다. K씨는 신문을 내려 놓고 벌떡 일어나 "제가 올려

드리겠습니다"라는 말과 함께 가방을 선반에 올려 준다. 사실 K씨는 아가씨가 들어오는 순간 그녀에게 이끌렸던 것이다. 그는 곁눈으로 우아하게 다리를 꼬고 앉아 있는 그녀를 보다가 자신이 그녀에게 매혹되었음을 깨닫는다. 갑자기 몇 년쯤 젊어진 듯한 느낌이 든 K씨, 아가씨가 지은 감사의 미소에 흐뭇해 한다. 신문 경제란이 더 이상 흥미롭게 느껴지지 않자 그는 아가씨를 보기 위해 신문을 자꾸만 낮춘다. 아가씨의 얼굴과 각선미에 잠시 정신이 팔린다. K씨는 다시 신문에 집중하려고 애쓴다. 그러나 계속해서 떠오르는 갖가지 생각을 멈출 수가 없다. *'참으로 예쁘네. 아내와 비교하면'*……아내란 말은 잠시 그를 현실세계로 되돌려 놓는다. *'한때는 아내와 사랑에 푹 빠졌었지.* 그렇지만 언제부턴가 다툼이 끊이지 않았어.' K씨 뇌리엔 지난 밤에 아내가 자신을 거부했던 것이 떠오른다. 아내는 남편이 자신의 기분에는 아랑곳 없이 일방적으로 요구를 한다며 등을 돌리고 자는 척 했다. 그걸 생각하니 화가 났지만 앞에 아가씨가 있기 때문에 꾹 참는다. 아가씨가 앉아 있는 쪽에서 향긋한 냄새가 난다. 그러자, 갑자기 그녀가 요염하게 보인다. 이런 저런 생각 중에 문득 어린 시절의 기억이 떠오른다. 어머니는 아버지가 바람을 피운다고 울고 있었다. 그는 숨어서 어머니가 우는 소리를 듣곤 했다. K씨는 그런 우울한 생각을 재빨리 뿌리친다. *'나는 지금까지 희생만 하고 살았어. 잠깐 재미를 본다고 무슨 큰 잘못인가?'* 그는 무릎위에 신문을 내려 놓고 가능한 한 매력적인 미소를 보이며 목청을 가다듬는다. 그러나 목소리가 안 나온다. 그는 포기하고 창문 밖을 바라 본다. 기차가 속도를 늦추자 아가씨가 일어 난다. 미쳐 그가 도와주기도 전에 선반에서 가방을 내리고 상냥하게 인사를 한다 "안녕히 가세요." 기차가 역에 멈춘다. K씨는 아가씨가 플랫포옴에서 기다리고 있는 젊은 남자에게 달려 가는 것을 본다. 그들은 포옹을 한다. 우리의 K씨는 신문을 다시 펴서 증권 시세를 보며 중얼거린다. "이 멍청아!"

c) 포지티브 심리치료 5 단계 과정

먼저 손을 내밀어야죠

옛날 페르시아 북부에 한 남자가 살고 있었다. 어느날 그는 생각에 몰두한 채 길을 가다가 그만 발을 헛디뎌 늪에 빠졌다. 순식간에 온 몸이 늪에 빠져서 움직일 수가 없었다. "사람 살려!" 그는 소리쳤다. 곧 사람들이 모여 들었다. 한 사람이 큰소리로 외쳤다. "손을 내밀어요" 그러나 늪에 빠진 남자는 계속 살려달라는 소리만 외칠 뿐이었다. "손 좀 내밀어요!" 구경꾼도 함께 소리쳤다. 그런데도 계속 살려 달라는 소리 밖에는 없었다. 그 때 누군가가 다가와 소리쳤다. "늪에 빠진 사람이 어떻게 먼저 손을 내밀겠소? 당신이 먼저 손을 내밀어야죠."

포지티브 심리치료법에서는 이야기를 무작위적으로 쓰지 않는다. 이야기는 심리치료 5단계 과정이라는 틀 안에서 활용된다.(포지티브 심리치료, 1977) 일상 생활에서 흔히 경험 할 수 있는 일을 예로 들어보자. 우리는 무례한 사람에게 화를 벌컥 내거나, 말로 따지거나, 아니면 뒤에서 그 사람의 인격을 들먹이며 험담을 한다. 우리는 그를 다양한 감정적 능력을 지닌 한 인간으로 보지 않고 우리를 모욕한 사람, 혹은 단순히 무례한 사람으로만 간주한다. 여기에서는 부정적인 경험이 그 사람과의 관계를 지배하므로 그 사람이 갖고 있는 긍정적인 자질은 생각조차 하지 않는다. 그 결과는 그 사람과의 관계 단절이다. 그러나 문제는 그렇게 간단하지 않다. 이런 사건들을 연속적으로 겪게 되면 흔히 심리적, 심신상관적 병에 걸리게 된다. 그런 사건을 새로운 출발을 위한 밑거름으로 삼을 수 있다. 그렇게 하려면 다음과 같은 치료 과정을 밟아야 한다.

1. **관찰하고 기술하기**

   누가, 언제, 어떻게 해서 화가 났는지에 대해 글이나 말로 정리해 본다.

2. **변별화 분석검사 실시**

   변별화 분석검사(DAI)를 실시해서 환자와 배우자에게 긍정적인 반응이 나타나는 경우와 부정적인 반응이 나타나는 경우와 그와 관련된 영역을 알아낸다.

3. **무조건 격려하기**

   의사는 신뢰를 얻기 위해 환자가 지닌 모든 자질, 설령 그것이 부정적인 것일지라도 격려한다.

4. **이야기하기**

문제에 대해 침묵을 지키거나 문제를 왜곡하는 것을 막기 위해 배우자와의 대화를 서서히 진행시킨다. 부정적인 자질과 부정적인 경험뿐 만 아니라 긍정적인 자질과 경험에 관해서도 같이 이야기해본다.

5.목표를 확대하기

신경증의 증상인 좁고 편협한 시각을 의식적으로 버리도록 노력한다. 문제를 다른 영역으로 옮기지 않는 것도 학습한다. 동시에 새로운 목표를 세우는 것도 학습한다. 그러므로 치료는 다음의 두 차원으로 이루어 진다. 첫째 차원은 의사와 환자의 관계가 중심이 된 '심리 치료' 이고, 둘째 차원은 '스스로 치료하기(self-help)' 인데 가까운 사람들 사이에서 생긴 심리적 문제를 스스로 해결하는 것이다. 이 두 차원은 따로 이루어지거나 동시에 이루어진다.

나는 포지티브 심리치료법을 사용해서 부부 문제, 학업 문제, 우울증, 공포증, 성적 장애, 심신상관 장애(소화 장애, 순환기 장애, 류마티즘, 천식)를 치료하고 그 결과를 자료화 해왔다. 정신분열증 같은 정신병도 상당한 치료 효과를 보았다. 치료 성공률을 보면, 단기 치료(6회 내지 10회 이하)의 경우에도 상당한 진전이 있었다. 특히 신경증과 심신상관 장애에서 좋은 결과가 있었다. 다른 일반적인 치료법과 비교할 때 포지티브 심리치료법은 유망한 대안치료법이 될 수 있음이 확인 되었다.

5. 간문화 심리치료

같은 지붕 위 정원의 두 세계

어느 무더운 여름날, 온 가족이 지붕 위 옥상에 꾸며진 정원에서 잠을 자고 있었다. 아들과 보기만 해도 얄미운 며느리가 서로 껴안고 잠자고 있는 것을 본 시어머니는 기분이 상했다. 그 광경을 더 이상 보고 있을 수가 없어서 큰 소리로 말했다. "이 더위에 그렇게 붙어서 자고도 싶겠다. 그렇게 자면 몸에도 안 좋다" 풀밭 다른 한 구석에서 딸과 사위가 자고 있었다. 딸과 사위는 약간 떨어져 자고 있었다. 시어머니는 그들에게 이렇게 말했다. "얘들아, 밤바람이 찬데 그렇게 멀리 떨어져 자면 어떻게 하니? 좀 더 가까이 붙어서 자야지." 마침 며느리가 이 말을 들었다. 며느리는 자리에서 일어나더니 기도를 하듯 다음과 같이 중얼거렸다. "하느님은 얼마나 위대하신지. 같은 지붕 위에 그처럼 별다른 날씨가 있다니!"

이질적인 문화로 인해 생기는 문제는 오늘날 가정이나 직장에서는 물론 국제 정치의 현장에서도 점점 더 중요해지고 있다. 이러한 추이로 말미암아 다양한 문화로 인해 발생한 문제를 해결하는 것이 미래 사회의 주요 과제 중 하나가 될 것이다. 이전에는 서로 다른 문화권 사람들이 지리적으로 격리 되어 있었고, 특별한 상황에서만 접촉할 기회를 가졌다. 기술의 발달로 인하여 다른 문화권 사람들을 만날 수 있는 기회가 우리 시대에는 극적으로 증가되었다. 조간 신문만 펼쳐도 우리는 이제 다른 문화권 사람들의 문제와 접할 수 있게 되었다. 우리는 일반적으로 예전에 배운 대로 그들의 문제를 보려는 경향이 있다. 그리하여 다른 문화권에서 발생한 사건을 후진성 때문이라느니, 잔인성 때문이라느니, 비합리적이기 때문이라느니 하며 비판하고 조롱한다.

간문화 심리치료 과정에서는 특정 문화권에서만 유효한 시각, 흥미, 행동 패턴, 가치, 기준, 개념 등을 다룬다.

바로 여기에 간문화 심리치료의 위험이 있다. 왜냐하면 간문화 심리치료와 연관된 상징 체계('한국인', '이란인', '일본인', '독일인', '미국인')는 편견과 고정관념으로 작용할 수 있기 때문이다. 그러므로 간문화적인 개념을 사용할 때는 각별히 조심을 해야 한다. 왜냐하면 통계적인 사실이나 일반화된 결과는 항상 예외나 개인별 케이스, 혹은 역사적인 자료를 통해 항상 반박될 수 있기 때문이다. 이런 의미에서 우리는 주위에서 얼마든지 모순적인 현상을 발견할 수 있다. 예를 들어 시간을 잘 지키고 질서를 중시하는 '독일계 중동인', 혹은 중동의 시장분위기에 어울리는, 시간관념이 희박하고 그런 문제에 대해서는 너그러운 '중동계 독일인' 등은 모순이 아닐 수 없을 것이다.

문화권이 있는 것처럼 같은 문화권에서도 서로 다른 교육권이 있고 이들 사이에는 충돌이 있기 마련이다. 그러므로 간문화의 문제는 인간관계의 문제이고 이는 다시 마음의 문제이다. 따라서 그 문제는 심리치료의 목표가 될 수 있다.

6. 심리 치료의 도구로 쓰인 이야기

절반의 진실

다음은 예언자 무함마드의 일화입니다.

무함마드가 제자와 함께 한 도시를 찾아 갔습니다. 선교를 하기 위해서 였습니다. 한 추종자가 무함마드에게 찾아와서 이렇게 말했습니다. "예언자이시여, 이 도시에는 어리석은 사람 밖에 없습니다. 거기에다 모두들 완고하기가 이를데가 없습니다. 아무도 어떤 것도 배우려 하지 않습니다. 이런 냉담한 인간들을 개종시킨다는 것은 불가능한 일입니다. 이 말을 들은 무함마드는 부드러운 목소리로 말했습니다. "바로 보았구나" 얼마 후 다른 추종자가 무함마드를 찾아 왔습니다. 그는 기쁨으로 가득 차서 말했습니다. "예언자이시여, 왕림해주셔서 무어라 감사를 드려야 할 지 모르겠습니다. 이곳 사람들은 모두 진리의 말씀에 목말라 하고 있습니다. 예언자의 말씀이 이들에게 생명수가 될 것입니다." 무함마드는 또 다시 부드러운 목소리로 말했습니다. "그대가 바로 보았구나" 이 말을 들은 제자가 의아해 하며 물었습니다. "예언자이시여, 지난 번에도 '바로 보았다' 고 하시더니, 어떻게 이번에도 '바로 보았다' 고 하십니까? 두 사람이 전혀 다른 주장을 했는데, 그렇다면 검은색이나 흰색이 모두 같은 색이란 말씀이신지요?" 그러자 무함마드가 이렇게 대답하셨다. "사람은 자신이 기대하는 대로 세상을 보는 법이네. 왜 내가 그들의 말에 반박을 해야 하겠나? 한 사람은 악한

것만 보았고 다른 사람은 선한 것만 보았다네. 자네는 두 사람 중 어느 누군가 잘못 보았다고 말하고 싶은가? 다른 도시와 마찬가지로 이 도시에는 선한 사람이 있는가 하면 악한 사람도 있기 마련이지. 어느 누가 거짓을 이야기한 것이 아니라, 단지 진실의 반쪽만 본거라네."

이야기에는 여러 가지 기능이 있다. 나는 개인적인 가치관의 기원과 발전 그리고 교육적 혹은 치유적 의미와 관련된 기능에 주목을 했다. 그래서 문제나 갈등의 성격을 기준으로 네 개의 영역을 분리해서 다루었다. 이 영역들은 1) 신체와 관련된 문제, 2) 사회적 성취와 관련된 문제, 3)대인관계와 관련된 문제, 4) 직관, 상상, 희망과 관련된 문제 등이 그것이다.

이쯤에서 미리 밝혀둘 것이 있다. 오리엔트 이야기를 심리사회적인 면에 국한시켜 분석했다는 사실이 그것이다. 이야기를 문학 작품의 차원에서 이해하는 등 다른 차원에서 이야기를 접근하는 것은 독자들의 몫이다.

7. 이야기의 기능

예언자와 긴 수저

옛날 옛적에 신앙심이 아주 독실한 젊은이가 있었습니다. 어느 날, 그는 예언자 엘리아를 찾아가 이렇게 물었습니다, "지옥은 어디에 있고 또 천국은 어디에 있는지요?" 엘리아는 아무말 없이 그의 손을 잡고 어두운 길을 따라 어디론가 그를 인도했습니다. 무쇠로 된 커다란 문을 통과하자 넓은 홀이 나타났습니다. 그 안엔 금, 은, 보석으로 치장을 한 사람으로부터 누더기 조각 조차 걸치지 못한 사람에 이르기까지 온갖 종류의 사람들로 가득 차 있었습니다. 홀 한가운데엔 큰 가마솥이 걸려있는 화덕이 있었습니다. 그리고 가마솥에선 맛있는 음식이 김을 모락모락 내고 있었습니다. 가마솥 주위에는 며칠을 굶은 듯한 사람들이 서로 자신의 몫을 챙기려고 아우성을 치고 있었습니다. 젊은이는 사람들이 들고 있는 수저를 보고 놀랐습니다. 왜냐하면 수저가 사람의 키만큼 컸기 때문이었습니다. 솥 있는 곳까지 비집고 들어간 사람들은 정신없이 수저를 음식에 들이 댔습니다. 그러나 아무도 제대로 먹을 수가 없었습니다. 쇠로 된 무거운 수저를 다루는 것도 어려웠거니와 수저가 너무 길어서 음식을 입으로 가져 갈 수가 없었기 때문입니다. 어떤 사람들은 수저를 잘못 다뤄 얼굴과 팔에 화상을 입는가 하면 다른 사람에게 음식을 흘려 주위를 온통 아수라장으로 만들었습니다. 예언자 엘리아는 젊은이의 팔을 잡아 당기며 이렇게 말했습니

다, "여기가 바로 지옥이라네." 두 사람은 온갖 고함소리와 다투는 광경을 뒤로 하고 그 곳을 빠져 나왔습니다. 다시 어두운 길을 따라 긴 여행을 한 끝에 새로운 홀에 들어가게 되었습니다. 그 홀에도 온갖 사람들이 홀 한 가운데 모여 있었습니다. 이전 홀과 마찬가지로 김이 모락모락 나는 커다란 가마솥이 걸려 있었습니다. 사람들은 지옥에서 보았던 것과 똑같은 긴 수저를 쥐고 있었습니다. 그러나 이 곳 사람들은 얼굴에 윤기가 흐르고 있었습니다. 또한 지옥과는 달리 콧노래 소리와 수저가 부딪치는 소리만 간간이 들릴 뿐이었습니다. 여기에서는 사람들이 사이 좋게 식사를 했습니다. 사람들은 수저로 음식을 떠서 다른 사람에게 권하고, 자신은 다른 사람이 떠서 주는 음식을 받아 먹는 것이었습니다. 수저가 너무 무거우면 옆에 있는 사람들이 도와서 모든 사람들이 평화롭게 음식을 즐길 수가 있었습니다. 충분히 먹은 사람은 곧바로 다른 사람에게 자리를 양보했습니다. 예언자 엘리아는 젊은이에게 말했습니다. "여기가 바로 천국이라네."

이야기는 두 가지 유형으로 분류될 수 있다.

1) 현 사회의 규범을 지지하는 이야기

2) 현 사회의 규범을 상대화 시키는 이야기

그렇다고 두 유형의 이야기가 전달하려는 메시지에 모순이 있는 것은 아니다. 그 이유는 첫째, 이야기는 독자가 그 이야기에 부여하는 의미만큼만 영향력이 있으며 둘째, 개인의 규범이 상대화 되는 것, 즉 다른 관점에서 자신의 규범을 바라볼 줄 아는 능력은 자신의 가치관과 무관하게 일어나는 것이 아니라 그 안에서 일어나기 때문이다. 그 반대의 경우도 마찬가지이다. 현 사회에서 널리 통용되는 규범만 옳다고 강조하는 것은 곧 달리 생각하는 사람들을 문제시하거나 거부한다는 뜻이다.

규범에 대한 정보처리 과정은 경험 세계에서 뿐만 아니라 다른 사람의 상호 작용에 있어서도 일어난다. 이야기도 이러한 성격의 정보처리 과정과 관련이 있으며 여기에 이야기의 '기능'이 있다.

거울 기능 이야기에는 각양각색의 다양한 인물들이 등장하기 마련이다. 그러므로 우리는 이야기 속의 주인공과 우리 자신을 쉽게 동일시 할 수 있다. 사람들은 자신의 욕구를 이야기에 투사해, 자신의 심리대로 이야기에 의미를 부여한다. 바로 이런 반응이 치료의 목표가 된다. 환자는 이야기와 관련시켜 자신의 희망, 자신의 갈등, 그리고 자기 자신의 이야기를 풀어낸다. 이야기를 이해하고 받아들이는 것은 환자의 상상과 추억을 끌어들임으로써 보다 쉽게 이루어진다. 이야기는 직접적인 경험 세계와 분리 되어 있기 때문에 환자로 하여금 자기 문제를 거리를 두고 볼 수 있도록 유도할 수 있다. 이 때 환자는 더 이상 병의 희생자가 아니다. 오히려 자기에게 문제가 된 사건과 그 해결책에 대해서 의견을 내놓는 입장에 놓이게 된다. 그래서 이야기는 환자를 비추는 거울인 것이다.

모델 기능 이야기는 모델이다. 이야기는 주어진 문제의 내용을 보여주고 동시에 가능한 문제 해결책도 제시해준다. 예를 들어 문제를 해결하려고 시도했던 행동의 결과를 정확히 보여준다. 이야기는 또 모델로 기능하면서 사람들의 학습 능력을 촉진시킨다. 그렇지만 이야기의 의미는 고정된 것은 아니다. 이야기는 주어진 문제와 관

련 다양하게 해석될 수 있다. 이야기는 우리의 이성과 감성이 생각해 낸, 색다른 문제 해결책을 문제에 적용 시켜 볼 수 있는 시험 상황을 마련해준다.

중재자 기능 환자는 자신의 가치체계에 바탕이 되는 생각과 개인적인 신화를 소중히 여겨 쉽게 포기하려 하지 않는다. 그게 옳건 틀리건 간에. 그러나 그것은 결과적으로 현재의 문제와 공존해서 살아가는데 도움을 된다. 마치 물에 빠진 사람이 나무판자라도 죽을 힘을 다해 잡고 있는 것처럼 환자는 그동안 자기 생각을 생명줄로 삼았기에, 그것이 자신을 문제의 소용돌이로 끌어 들였어도 포기하는 것을 두려워한다. 만약 치료자가 환자에게 좀 더 나은 것을 줄 수 있다는 확신을 주지 못하면, 그러한 두려움은 여러 형태로 자신을 드러낸다. 환자는 여러 가지 방어기제를 동원해 치료를 방해하는 방어기제를 발달시키거나 저항을 키운다. 하지만 의사가 그러한 저항과 방어기제를 분명하게 볼 수만 있다면 그것은 문제가 된 갈등 속으로 들어 갈 수 있는 문이 된다. 저항의 형태는 침묵하기, 꾸물거리기, 치료시간에 안 나타나기, 시간과 돈을 핑계로 치료의 효과를 의심하기, 시간을 더 할애해 달라고 조르기 등 여러 가지 형태이다. 그 같은 저항은 치료과정에서 거론되는데 물론 환자에게는 그렇게 기분 좋은 일이 아니다. 이 때 치료자가 환자의 방어 기제 또는 저항에 대해 정면으로 공격을 하면 환자도 같은 강도로 방어를 하려 하므로 각별한 주의를 요한다.

하지만 이 같은 대치상황은 중재자 역할을 하는 이야기를 통해 해소될 수 있다. 환자가 나르시스틱한(자기 도취적인) 소망을 말하는 것은 이야기 주인공에 대한 존경의 표시이다(R. Battegay, 1977). 이야기 요법에 있어서 대화의 주제는 환자가 아니라 이야기의 주인공이다. 이런 식으로 해서 환자-이야기-치료자라는 세 측면을 지닌 치료가 시작된다. 환자에게 이야기는 필터 역할을 한다. 왜냐하면 이야기 주인공을 매개로 해서 방어기제 없이 지낼 수 있게 해 주기 때문이다. 이 때 환자는 이야기에 대해 말하고 이를 해석하면서 치료자에게 개인적인 정보를 주는데 그런 정보는 이야기라는 매개체 없이는 얻기 어렵다. 이 필터 기능은 결혼생활이나 자녀 양육문제를 다루는 치료에서도 효과를 발휘한다. 이야기가 지닌 모델로서의 특징 덕택에, 치료자는 이야기를 통하지 않았더라면 호전적인 반응을 불러 일으킬 수도 있는 개인적인 정보를 얻을 수 있다. 다른 한편으로 이야기는 환자가 일상의 장(場)에서는 할 수 없는 말을 할 수 있는 기회를 준다.

저장 효과 이야기는 그 강한 이미지 때문에 잘 기억되며 별개의 상황에서도 쉽게 떠올릴 수 있다. 이야기는 치료과정에서 뿐만 아니라 일상생활에서도 우리의 삶과 관련을 맺고 있다. 우리가 현실적인 문제에 대한 답을 그 속에서 찾고자 하거나, 주어진 이야기가 현실 상황을 연상시킬 때 더욱 그러하다. 상황이 달라지면 환자는 이야기를 다르게 해석할 지도 모른다. 환자는 이야기에 대한 원래의 생각을 확장 시키고 자기만의 신화를 구축하는데 필요한 새로운 생각들을 불러 일으킨다. 이런 의미에서 이야기는 창고의 역할을 한다. 이야기는 오랜 기간에 걸쳐 환자에게 영향을 미치며 치료자로부터 차츰 독립을 할 수 있도록 도와주는 것이다.

전통의 전달자 이야기는 사회, 문화, 가족 그리고 개인 경험의 소산인 개인사(個人史)와 관계없이 전통을 계승한다. 인생은 짧으나 우리들의 사상과 생각은 이야기를 통해 다음 세대로 전달된다. 세대에서 세대로 이어지면서 이야기는 항상 같은 것처럼 보이지만 듣는 사람에 따라서는 지금까지 알려지지 않은 새로운 의미를 취할 수도 있다. 이야기의 내용과 이야기 속에 담긴 관념을 면밀히 분석하면, 우리는 갈등과 노이로제를 일으킬 수 있는 전형적인 사고 방식이나 행동의 유형을 발견 할 수 있을 것이다.

고전적인 심리치료의 개념 속에 역사적으로 중요한 신화들이 포함되어 있으며 이는 우리의 이야기와 비교할 수 있다. 일례로 오이디푸스 콤플렉스를 들 수 있는데, 고대로부터 전해 내려온 오이디푸스 이야기의 주된 내용은 부권에 대한 도전의 은유이다. 이 은유는 후에 다른 정신분석 이론과 실제에 적용되었다.

간문화의 전달자 전통의 전달자인 이야기는 문화를 대표한다. 이야기는 문화적으로 용인되는 규범, 행동, 생각 등을 반영하면서 그것을 강화시키고 정당화 시켜주며, 그 문화권에서 용인할 만한 해결책을 제시해 준다. 다른 문화권의 이야기는 다른 문화에서 중요하게 여기는 규범, 행동, 생각에 관한 정보를 제공하고 다른 식의 사고 방식을 보여주기 때문에 환자의 생각, 가치관, 문제 해결 방식의 목록을 풍부하게 해주는 것이다.

간문화의 전달자로서 이야기는 '새로운 것은 곧 위험한 것' 이라고 인식함으로써 낯선 행동이나 사고 방식에 저항감을 불러 일으키는 감정의 벽을 해체시킬 수 있다. 감정의 벽은 이해와 관용이 필요한 상황 속에서도 마음을 움추리게 하는 기능을 한다. 그렇지만 이러한 편견은 간문화적 이야기에 의해 사라질 수 있다. 사람들이 다른 나라 사람들의 사고 방식을 알고 배운다면 자신을 위해 그것을 적용하는 법도 배울 것이다. 이야기는 그것이 배태된 사회를 대표할 필요는 없다. 그리고 이야기 내용이 비록 시대에 뒤떨어진 것일지라도 사고력을 증진시키고 기존 사상에 도전케 한다. 또 새로운 사고방식을 소개해 줌으로써 마음을 넓고 풍부하게 해 줄 수 있다.

퇴행의 보조자 이야기를 듣는 분위기는 치료자와 환자 사이의 거리가 느껴지는 그런 딱딱한 분위기가 아니다. 옛날 이야기를 들려줄 때는 그 분위기가 화기애애하기 마련이다. 이야기의 매체는 상상과 직관이다. 성취지향적인 우리 사회에서는 상상의 세계로 들어가는 것이 발달의 초기 단계로 뒷걸음치는 퇴행을 뜻한다. 머리가 이야기로 꽉 차있을 경우 우리는 전형적인 현대인으로 행동하기 보다는 상상의 세계로 들어가는 것이 용인 되는 예술가나 아이처럼 행동하게 된다. 이야기 요법은 치료의 틀 안에서 환자들이 기존 사고방식의 옷을 벗어 던지고 어린 시절로 돌아가 장난기 섞인 행동과 생각을 할 수 있도록 해준다. 사람들은 깊게, 그리고 많이 생각하지 않고도 이야기를 즉시 이해하기를 원하는 경향이 있다. 이야기는 상상의 세계로 가는 문을 열어 준다. 이야기는 창조성을 자극한다. 이야기는 소망을 실현시켜 준다. 따라서 사람들이 가까운 장래에 이루고자 하는 목표는 이야기를 통해 더욱 구체화될 수 있다. 즉 이야기는 유토피아를 꿈꿀 수 있는 마음의 여유를 주는 셈이다.

이야기의 주제가 길잡이 역할을 하면 우리는 어린 시절로 거슬러

올라갈 수 있다. 이는 치료 초기에 약간의 퇴행을 가능하게 해줌으로써 환자의 약한 자아가 분열되지 않으면서도 치료를 받을 수 있게 해준다. 이것은 나의 경험을 통해 입증되었다.

정신병원에서 심리치료그룹을 이끌었을 때의 일이다. 거기에는 조증, 정신분열증, 우울증, 신경증 환자들이 참여하고 있었다. 나는 매번 모임을 주제와 관련된 이야기로 시작했다. 그룹 활동은 아주 원활하게 이루어졌다. 대화를 나누는 것이 어려웠던 환자들 조차도 눈에 띌 정도로 열심히 참여를 했다.

이런 이야기 요법은 정신 분석의 기법이 잘 행해지지 않는 병원에서 주로 이루어진다. 지금까지의 경험을 보면 정신분석적인 치료는 집단 치료에서는 문제를 일으킬 소지가 있다. 왜냐하면 특정한 환자가 자신의 감정을 극단적인 방법으로 표출할 경우 그룹 내에서 그것을 통제 할 수 있는지 장담할 수 없기 때문이다.

반대되는 사고방식 이야기를 들려준다는 것은 어떤 확립된 이론을 제시하는 것이 아니다. 이야기는 정반대의 사고방식을 제공하기도 한다. 여기에서 새로운 사고방식은 주어진 이야기가 낯선 것이든 낯익은 것이든 애매한 형태로 포장되어 있다. 문제가 되는 갈등 상황 속에 슬쩍 끼어 든 것이다. 이야기는 사고방식이 전달되는 일종의 통로인 셈이다. 이야기가 지니고 있는 그러한 기능이 고대 페르시아 문학에 나오는 다음의 대화 속에 잘 나타나 있다.

여색을 탐하는 청년이 있었다. 어느날 청년의 아버지가 아들을 불러서 이렇게 말했다. "애야, 꽃들은 각기 다른 향기를 지니고 있다는 격언을 항상 명심해라. 이 여자, 저 여자 모두 사귀어 보겠다는 생각은 그만두어라." 그러자 청년은 이렇게 대답했다. "하지만 아버님, 아버님께서는 선녀 같은 여인을 보신 적이 있으십니까? 여인의 삼단 같은 검은 머리카락에 얼굴을 묻어 보셨나요? 사슴보다 더 길고 가느다란 여인의 목에 키스를 해본 적은 있으십니까?

아들의 이야기를 조용히 듣고 있던 아버지는 얼굴에 연민의 정을 나타내며 말했다. "너는 굶주림에 지친 가족들 때문에 괴로워하는 가장을 본적이 있느냐? 너는 아이들이 병들어 우는 소리, 빚 독촉에 시달리는 아내의 독설이 어떤 것인지 아느냐?"

우리는 이 대화에서 아버지와 아들 사이에 돈독한 유대 관계가 형성되어 있음을 짐작할 수 있다. 아버지와 아들의 사고 방식이 전혀 다르다. 그럼에도 불구하고 두 사람 사이에는 무언가 끈끈한 정이 있는 것이다. 이 두 사람 중 누군가의 생각이 조만간 변할 것이라고 기대할 수가 없다. 각자의 입장은 분명하고, 두 사람은 상대방의 생각이 어떤 것인지 이미 잘 알고 있기 때문이다. 허나 누구의 생각이 맞는지, 그리하여 누가 생각을 바꾸어야 하는지를 일단 차지하고 두 사람의 생각을 저울질해 볼 필요가 있다. 잠시나마 입장을 바꿔 다른 사람의 생각에 귀를 기울이며 혹 받아들일 내용은 없는지, 현실을 파악함에 있어서 상대방의 생각 중에 쓸만한 것은 없는지 등을 생각해 보아야 한다. 두 사람은 각자 새로운 생각으로부터 그 어떤 결론을 이끌어내기 전에 시간을 필요로 한다.

심리치료 상황에서 반대되는 사고방식은 일종의 처방전이다. 즉 의사가 주는 숙제인 셈이다. 환자로 하여금 이야기에 대해 생각해 보고, 다른 사람과 토론해 보고, 더 나아가 자신이 이해한 바를 글로 쓰도록 한다. 이런 숙제를 통해 환자가 자신의 생각과 정반대되는 사고 방식을 한번 자신에게 적용해보도록 유도하는 것이다. 반대되는 사고방식을 전달하는 이야기의 형태는 다양하다. 시적인 이미지를 구사한 화려한 이야기일 수도 있고, 도덕적인 내용을 담은 속담이나 격언의 형태를 띨 수도 있고 환자의 정서에 직접적으로 호소하는 옛날 이야기일 수도 있다.

관점의 변화 대부분의 이야기는 신기루 같은 반전을 포함하고 있다.. 그래서 이야기를 듣는 사람이나 읽는 사람은 별 어려움 없이 "아하!"라고 놀라면서 관점의 변화를 경험하게 된다.

8. 독자를 위한 안내 지침

정당한 가격

아노쉬르완 왕이 신하들과 왕국을 여행하던 중에 양치기의 처량하고 초라한 작은 오두막 조차 안 보이는 산중의 황폐한 지역에 이르렀다. 왕의 요리사는 "국왕 폐하! 저는 폐하의 입을 즐겁게 하기 위해서 여기 있사옵나이다. 그런데 이제는 소금이 한 줌도 남아 있지 않습니다. 소금이 없으면 음식 맛을 낼 수 없습니다. 국왕 폐하, 제가 어찌하면 좋겠습니까?"라고 탄원했다. 아노쉬르완 왕이 대답했다. "가장 가까운 마을로 다시 가서 소금 장수를 찾아라. 정당한 가격으로 소금을 사야지 정상가보다 조금이라도 더 돈을 주지 않도록 조심하거라." 요리사가 대답했다. "국왕 폐하, 이 세상의 어느 누구 보다 더 많은 돈을 전하께서는 갖고 계십니다. 제가 소금을 조금 비싸게 산다 한들 무슨 차이가 있겠습니까? 조금 비싸게 사도 그 돈은 별로 많지 않을 것입니다." 왕은 심각한 눈으로 요리사를 보다가 말했다. "세상의 불의로 커지는 것은 바로 그 작은 것들이니라. 작은 것은 종국엔 호수를 가득 채우고 말 물방울과 같도다. 세상의 크나큰 불의들은 그처럼 작은 것에서 시작했느니라. 그러니 가서 소금을 제 값에 사거라.

이 책에 수록되어 있는 거의 모든 이야기는 실제 생활 장면과 대인 관계의 문제를 그린 케이스와 연결되어 있다. 소개된 케이스는 본인이 치료하는 동안 일어났던 예들이며 각각의 케이스는 특정 상황의 독특함을 반영하는 데 물론 이야기를 응용할 수 있는 한 가지 방식만 보여준다. 이것이 의미하는 것은 환자가 문제를 이해하도록 돕기 위해 취해져야 할 단계들이 비슷한 케이스일 지라도 반드시 성공적이지도, 같지도 않을 것이라는 점이다.

그렇지만 치료자는 환자들이 인간 관계를 보다 쉽게 알아차리고 사람들간의 오해와 오해의 원인에 대해 더 민감하게 느낄 수 있도록 격려해야 한다.

사람들은 저마다 이야기를 읽고서 자기 위주로 해석한다. 이야기는 누군가가 서서 손가락으로 가리키는 것이 없이도 영향을 미치는 교훈적인 작품이요, 단순한 오락보다 더 많은 일을 하는 오락물이고 각자가 자신의 필요에 따라 수용할 수 있는 지침인 것이다. 내가 치료하면서 케이스를 고르는 것처럼 독자들은 자기만의 의미를 이야기 속에 불어 넣고 이야기의 메시지에 대해 생각해 보며 다른 사람들과 이야기에 대해서 함께 나누어 볼 수 있는 것이다. 그래서 필자는 이 책의 뒤 부분에 있는 몇 편의 이야기에는 설명을 붙이지 않았다. 포지티브 심리치료에서 이야기를 사용하는 것은 제멋대로 이거나 우연히 일치하는 것이 아니고 의도적으로 5단계 치료의 틀 안에서 자리가 매겨 진다. 그리고 이는 치료자에게는 환자의 필요와 치료자 자신의 동기에 대한 민감성과 통찰력을 필요로 하는 것이다. 또한 겉보기에는 잘 짜여진 관계를 포기하고 상상과 직관의 세계로 들어가는 용기를 필요로 한다

9. 이야기의 근원

도시의 성문과 입의 차이에 관하여

옛날에 어느 왕이 살았는데 그 지혜는 태양처럼 땅을 비추고 그 현명함은 아무도 능가할 수가 없었으며 그 부는 어느 누구의 부보다도 압도적으로 많았다고 전해 온다. 어느 날 한 대신이 찌푸린 얼굴을 하고 왕을 찾아와 고했다. "국왕 폐하, 전하께서는 우리나라에서 가장 지혜로우시고 위대하시며 가장 막강하신 분이십니다. 전하께서는 생사를 주관하는 주인이십니다. 그런데 제가 왕국을 여행하면서 어떤 말을 들으셨는지 아십니까? 도처에서 백성들이 전하를 칭송합니다만 어떤 사람들은 전하를 매우 나쁘게 말하고 있습니다. 그들은 전하를 도마위에 놓고 농담도 하고 전하의 현명한 결정에 대해 불평을 늘어 놓습니다. 당신 힘센 자중 가장 힘센 분이시여! 그와 같이 고분고분히 따르지 않는 것들이 전하께서 계신 땅에 있다니 이 어찌된 영문입니까?" 왕은 관대한 미소를 지으면서 화답했다. "그대는 나의 왕국의 모든 백성들이 그런 것처럼 짐이 그대들 모두를 위해 어떤 업적을 달성했는지 알고 있도다. 일곱 나라가 짐의 수하에 들어 왔으며 짐의 통치로 일곱 나라 모두 성장과 번영을 누렸노라. 이 일곱 국가의 백성들은 짐을 경애하는데 이는 내가 정의롭게 통치했기 때문이니라. 그대의 말은 분명히 옳도다. 짐은 많은 일을 할 수 있는 능력이 있도다. 짐은 짐의 도시에 있는 거대한 성문을 닫게 할 수도 있도다. 그러나 짐이 할 수 없는

것이 딱 하나 있구나. 그것은 백성들의 입을 막는 것이다. 일부 사람들이 짐을 나쁘게 말하는 게 진짜 문제가 아니다. 짐이 사람들을 이롭게 하는 것이 더 중요한 것이니라."

이 책에 수록된 일부 이야기는 중동의 고전 문학에서 유래했으며 하피스, 사디, 루미, 파르빈, 에케시미 같은 시인이 인용했던 이야기이다. 일부 이야기들은 의학사, 중동학, 문학 작품을 통해 서양에 알려졌던 것이고 그 외의 이야기들은 민간 전승이다. 이야기는 구전되어 왔고 오늘날에 이르러서도 글로 적으려는 수고를 하는 사람은 거의 없으며 더군다나 심리치료나 사회 비평에 적용하는 경우는 더더욱 드물다. 어떤 이야기들은 비슷한 형태로 서양에 알려져 있기도 하다. 서양 사람들은 왜 중동사람이 이야기를 들려 주며 왜 이야기를 듣고 웃거나 경탄하는 지 알지 못한 채 이야기를 단지 우화나 농담으로 여기는 경향이 있다.

10. 중동 문화에서 인기 있는 등장인물

까마귀와 앵무새

앵무새가 까마귀와 함께 새장 속 횃대에 앉아 있었다. 가엾은 앵무새가 검은 깃털이 달린 괴물의 존재를 얼마나 고통스러워 하는지! "저 얼마나 보기 흉한 검은 색인가! 저 소름 끼치는 모습은 어떻고! 그 얼굴은 참 별 볼일이 없군." 만약 어떤 이가 이른 아침에 저런 걸 보게 된다면 하루종일 재수가 없을 거야. 어디에도 저보다 더 정나미 떨어지는 친군 없을 걸."

이상한 일이지만 까마귀도 역시 앵무새의 존재로 힘들어 했다. 슬프고 우울해진 까마귀는 저런 불쾌한 팔색조 친구와 함께 있게 만든 운명의 장난에 대해 하늘을 원망하고 있었다. "왜 이런 불운이 나에게 닥쳐야만 하지? 행운의 별이 나를 왜 버렸을까? 왜 행복한 시절은 이 같은 어둠의 나날 속에서 묻혀져 끝나야만 하나? 다른 까마귀와 함께 정원 벽 위에 앉아 똑같이 갖고 있는 것을 즐기면서 행복해 하는 것이 더 유쾌했을 텐데."

(사디)

많은 이야기들이 풍자의 형식으로 되어 있어서 듣는 사람이 이야기 속의 인물과 그들의 운명을 동일시하는 것을 쉽게 하고 가끔은 듣는 사람이 우월감을 계속 갖도록 할 수도 있다. 이야기에서는 주인공의 주된 개성이 강조되면서 곧바로 이야기의 핵심에 들어 가고 다른 인물들은 그냥 무시된다. 사람들이 이야기를 이해하도록 돕는 것을 별도로 하더라도 이렇게 주인공에 편중하는 것도 이야기의 핵심을 거론하기 위해서 꼭 필요하다. 이런 불균형과 차별성 없이는 이야기의 핵심이 사람들을 놀라게 하는 결과를 낼 수 없다. 신경증이라는 불균형과 이야기간에 존재하는 밀접한 관계를 느낄 수 있다. 일반적인 말로 표현한다면 우리는 모두 다른 사람 눈에는 코믹한 인물이 될 잠재력이 있다. 즉 우리가 사회문화 체제에 의해서 용인되는 상대적 가치를 중심으로 편협한 속마음을 가질 때 그런 것이다.

중동의 이야기 속에 나오는 인물의 원형은 물라이다. 그는 보통 당나귀를 타고 시골을 여행하는 소박한 설교자이다. 떠돌이 설교자들이 농담과 이야기, 서투른 행동으로 관심을 끌고 대중들의 흥미를 일깨웠기 때문에 물라는 페르시아 고전에서 인기 있는 인물이 되었다. 바른 예절과 예의를 어기게 되는 것이기 때문에 공개적으로 말할 수 없는 일들이 물라의 입에서 나오고 물라가 중심이 되는 역할을 하는 이야기 속에서 나타난다. 이란 사람들에게는 물라는 중세 유럽 궁중 사회에서 왕의 광대가 하는 기능과 비슷한 기능을 한다. 물라는 풍자적인 인물로서 가끔은 과장되게 진실과 지혜를 보여 주고 이야기와 농담을 넘어서 지혜를 전달해 준다. 여기에는 역사적인 실례가 있다. 800년 전에 전설적인 칼리프 하룬 알 라쉬드의 가까운 친척이요 유명한 시인이자 사회 비평가인 바흐를이 스스로를 미쳤다고 선언했다. 그래서 박해로부터 안전해지자 바보 모자를 쓰고 민중들을 교육하면서 돌아 다닐 수 있었다.

물라는 농담을 하는 사람이자 좁은 속마음의 표본으로서 개인 에고의 일부분이 되었다. 사람들은 마음속에 있는 것을 물라의 탓으로 돌리고 자기 성격에서 그 부분을 따로 떼어 놓고 생각할 수 있었다. 이렇게 함으로써 마음의 평정을 다시 이룰 수 있게 된다. 즉 비이성적인 것을 표현하는 사람은 내가 아니라 내 안에 있는 물라가 된다. 자기 대신에 물라를 지적함으로써 자아가 갖고 있는 위험한 내용으로부터 자신을 보호하는 것이다.

이야기를 듣는 사람들은 생각의 변화와 전환을 통해서 이상하고 위협적으로 보이는 아니면 적어도 애매한 생각들을 실험적으로 가까이 하도록 밀어 붙인다. 그렇게 함으로써 경험과 감정을 처리하는 선에서 자기 생각들을 확장할 수 있게 된다. 그러므로 이와 같은 단계들은 태도나 행동의 치료적 변화를 위한 도입으로 적절하다.

11. 스스로 발견하기

완전한 낙타

몇 년 전에 학자 네 사람이 대상들과 함께 카위르 사막을 여행하고 있었다. 어느 날 저녁에 네 학자는 모닥불 주위에 둘러 앉아서 여행에 관해 이야기 하고 있었다. 그들은 모두 낙타를 향한 경외감으로 가득 차 있었다. 모두들 낙타의 만족함에 놀랐고 그 힘을 우러러 보았으며 낙타의 지긋한 인내력을 거의 불가해했다. 한 학자가 말했다. "우리는 글의 명인들이니 낙타를 찬양하고 낙타에게 존경을 나타나는 뜻에서 낙타에 관한 그림을 그리고 글을 씁시다."라고 제안했다. 이 학자는 이런 제안을 하고 나서 양피지 뭉치를 들고 기름 램프가 켜져 있는 텐트 안으로 들어 갔다. 몇 분 후 나와서 그의 작품을 세 학자 친구들에게 보여 주었다. 낙타가 워낙 잘 그려져서 거의 살아 있다고 생각될 정도였다. 그러자 두 번 째 학자는 텐트 속에 들어 갔다가 곧 나왔다. 그는 낙타가 대상에게 주는 이점을 사실적으로 서술한 짧은 에세이를 보여 주었다. 세 번째 학자는 감동적인 시를 한 편 썼다. 그러자 네 번째 학자는 드디어 텐트에 들어 가면서 다른 사람들이 그를 방해 하지 않도록 못박았다. 몇 시간 후 모닥불은 꺼지고 다른 학자들은 벌써 잠이 들었는데 희미하게 불이 켜진 텐트 안에서 펜이 움직이는 소리와 단조로운 노래 소리는 여전히 흘러 나왔다. 다음 날에도, 그 다음 날에도, 또 그 다음 날에도 세 명의 학자들은 별 성과 없이 마냥 기다려야만 했

다. 알라딘 뒤에 닫혀진 동굴 문처럼 텐트는 네 번째 학자를 감추어 놓고 있었다. 마침내 닷새째에 텐트의 문이 열리더니 부지런한 자 중에서도 가장 부지런한 자가 눈가에는 검은 테를 두르고 홀쭉해진 뺨을 한 채 아주 지친 모습으로 걸어 나왔다. 얼굴엔 짧고 억센 수염이 드문드문 나 있었다. 걸음은 지쳐 보이는 데다가 식초를 마신 듯한 표정을 지으면서 네 번째 학자는 다른 학자들에게 다가 갔다. 그는 싫증이 난 것처럼 카페트 위에다가 양피지 다발을 던졌다. 첫 번째 두루마기의 겉에는 큰 글씨로 이렇게 쓰여 있었다. "완전한 낙타 혹은 낙타란 어떠해야만 하는가…..."

다른 많은 것들처럼 우리는 이야기, 우화, 동화와의 관계도 배우게 된다. 그래서 이야기를 사랑하거나 거부하고 아니면 무관심하게 된다. 이야기에 대한 우리 태도의 근원을 파악하는 데에 도와줄 수 있는 질문들은 다음과 같다.

누가 당신에게 이야기를 읽어주었습니까(아버지, 어머니, 형제, 조부모, 이모나 고모, 유치원 선생님 등)?
이야기를 들었던 상황을 기억할 수 있습니까?
어떻게 느꼈습니까?
동화와 이야기에 대해서 어떻게 생각하십니까?
자동적으로 떠오르는 이야기나 동화는 어떤 것입니까?
어떤 작가를 가장 좋아하십니까?
어떤 속담이나 생각이 당신에게 제일 의미 있습니까?

많은 사람들에게 기억에 깊이 새겨진 이야기들은 동화나 우화가 아니다. 오히려 종교적인 우화나 성경 속의 이야기가 많다. 어떤 사람들은 이야기의 이미지를 좋아하는 취향을 키우지만 깊게 뿌리내린 불신이나 반감을 습득한 사람들도 있다. 그러나 이 반응은 이야기 자체에 대해서 라기보다는 종교에 대한 반응인 경우가 대부분이다.

종교적인 우화의 의미에 대한 예는 2부의 첫 부분에 실려 있다.

2부

이야기 심리치료 요법의 실제

1. 우화

내가 사람의 방언과 천사의 말을 할찌라도 사랑이 없으면
소리 나는 구리와 울리는 꽹과리가 된다.
(고린도 전서 13장 1절)

하느님을 믿고 낙타도 안전하게 묶어야 하느니라

신자들이 예언자이신 무함마드의 말씀을 들으려고 떼지어 몰려 들었다. 한 남자는 아주 열심히, 경건하게 경청을 하고 믿음과 열정으로 가득 찬 기도를 하다가 저녁이 되자 드디어 예언자를 떠났다. 그는 곧 뛰어서 다시 들어 오더니 격양된 목소리로 크게 소리쳤다. "예언자이시여! 저는 오늘 아침에 낙타를 타고 하느님의 예언자이신 당신의 말씀을 들으러 왔습니다. 그런데 낙타가 없어졌습니다. 저는 당신께 복종하였고 당신의 모든 말씀을 귀 담아 들었으며 하느님의 위력을 믿었습니다. 이게 바로 신성한 정의입니까? 이게 바로 제 신앙에 대한 댓가란 말입니까? 아니면 이게 제 기도에 대한 감사의 표시인가요?" 무함마드는 남자의 이 절망적인 말을 들은 후, 친절하게 미소 지으시면서 답하셨다. "하느님을 믿고 낙타도 안전하게 묶어야 하느리라."

종교의 언어는 이미지의 언어이다. 거의 모든 종교 경전은 직선적인 말로 계명과 금지 사항을 선언하는 것을 피하고 있다. 종교 경

전은 정확성을 위해 뉘앙스가 희생된 법전과는 비교 될 수 없는 것이다.

종교 경전에 선언자 자신이 간결한 말로 직유법, 우화, 언어 이미지를 쓰거나 선언자의 일생이 모델로서 제시되건 간에 큰 차이는 없이 종교 경전의 문체는 이야기와 우화 그리고 신화의 문체와 비슷하다.

이야기는 윤리적, 철학적, 종교적인 메시지를 적절하게 전달하는 매개체인 것처럼 보인다. 심지어는 종교적인 우화에서도 특정 인물이 본받아야 될 사람이나 되지 말아야 될 사람으로 제시된다. 종교적인 우화는 신자들에게 종교 집단의 일원으로서 어떻게 행동해야 하는 지에 관한 구체적인 정보를 제공해 준다. 그리고 안내자로서 어떤 모델을 따라야 할지도 보여준다. 다음 이야기는 무함마드의 사위인 알리에 관한 것이다.

대추를 먹는 자

한 여인이 어린 아들과 함께 지혜로운 알리를 찾아가서 말했다. "제 아들이 심각한 문제로 고통 받고 있습니다. 이 애는 이른 아침부터 저녁 늦게 까지 계속 대추만 먹습니다. 제가 대추를 더 안 줄려고 하면 떼를 쓰고 울어 댑니다. 제가 어떻게 해야 하겠습니까? 제발 저 좀 도와주세요." 지혜로운 알리는 친절하게도 아이를 바라보더니 말씀하셨다. "착한 여인이여, 집으로 돌아가서 내일 같은 시간에 다시 오십시

오." 다음 날, 여인과 아들은 알리 앞에 다시 섰다. 위대한 스승이신 알리께서 아이를 무릎 위에 앉히시더니 친절하게 아이에게 말을 거시다가 마침내 아이 손에서 대추를 빼내더니 말씀하셨다. "얘야, 중용을 항상 생각 하거라. 세상에는 대추보다 더 맛있는 음식이 있단다." 알리께서는 이런 말씀을 하시고는 여인과 아이보고 가라고 하셨다. 다소 혼란스럽게 느낀 여인이 물었다. "위대한 스승이시여, 왜 그 말씀을 어제 하시지 않으셨습니까? 왜 저희가 두 번씩 먼 길을 와야만 했나요?" 알리께서 대답하셨다. "착한 여인이여, 어제는 내가 그대의 아이에게 오늘 말한 것을 납득이 가게 말을 할 수 없었노라. 왜냐하면 어제는 나 자신조차 대추의 단맛을 끊을 수 없었기 때문이니라."

거의 모든 종교에는 전문적인 성직자들이 있다. 랍비는 구약의 전달자이고 교회의 목사와 로마 카톨릭 교황은 신약을 가르친다. 이슬람에서는 이맘과 좀더 낮은 지위인 물라가 코란을 가르친다.

그렇지만 이들 종교의 경전들은 가르침을 이해하는 은총이 소수의 성지자에게만 한정되어 있지 않다는 점을 강조한다. 이 경전들은 모두 우화라는 수단을 써서 모든 사람들이 종교적인 내용과 친해 질 수 있다는 것을 암시한다. 예수님은 어린아이를 이론은 잘 알지 못하더라도 종교 진리에 가까이 갈 수 잇는 사람의 상징으로 쓰시기도 했다.

다음은 바압의 제자에 관한 이야기이다.

학자와 낙타지기

옛날에 사막을 건너는 대상의 무리 속에 박식한 학자가 있었는데 그는 너무나 현명해서 무거운 궤짝을 실은 낙타를 70마리나 데리고 다녔다. 그 궤짝 속에는 오직 과거와 현재의 지혜에 관한 학자의 저서 밖에는 다른 것이 아무 것도 없었다. 그런데 이 여러 짐의 책 조차 학자의 머리 속에 들어 있는 지식과 비한다면 물이 가득한 양동이와 비교해 볼 때 물 한 방울에 지나지 않을 정도였다.

대상을 따라가는 사람 중에는 마지막 이맘(새로운 예언자)이 이미 왔다는 것을 믿는다고 알려진 가난한 낙타지기가 있었다. 물론 이런 일이 일어나야만 하겠지만, 어느 날 학자가 낙타지기를 불러서 다그치듯이 말했다. "그대는 내가 이 나라와 세계의 학자들 사이에서 얼마나 유명한지를 잘 알고 있겠지. 내 지식의 일부만을 겨우 나르고 있는 70마리의 낙타가 보이지. 그런데 대학은 고사하고 학교 조차 다닌 적이 없어서 심지어는 읽고 쓰는 것조차 전혀 배우지 못한 누더기 옷을 입은 무식한 낙타지기가 감히 마지막 이맘(새로운 예언자)이 왔다고 믿을 수 있는 것은 어찌 된 일인가?"

낙타지기는 이 고상한 학자 앞에서 조심스럽게 서 있다가 예의를 차려 인사를 하고는 말했다. "나으리, 저는 절대로 감히 나으리 앞을 먼저 앞질러 가면서 나으리를 저의 모자란 말로 가르치지 않을 것입니다, 그러나 지금 나으리께서 저에게 물어 보셨으니 저는 작은 예를 들

어서 제가 생각하는 바를 보여 드리고자 노력하겠습니다. 나으리! 당신께서 놀라운 지식의 보고를 갖고 계신데 그것을 저는 바다 속의 가장 아름다운 진주에 비교하겠습니다. 이 진주들은 너무나 가치로와서 부드러운 벨벳 천에 싸여 절묘하게 장식된 궤짝 속에 보관 되어야만 합니다. 이 진주들과 비교해 볼 때 제 지식은 저희들이 사막에서 밟고 다니는 평범한 돌맹이와 같습니다. 그렇지만 떠오르는 태양을 상상해 보십시오. 태양은 저희에게 빛을 줍니다. 나으리, 여기서 당신께 제 질문을 던질까 합니다. 어떤 것이 태양빛을 받아 그 빛을 반사할까요? 벨벳의 감옥에 갇힌 당신의 소중한 진주이겠습니까 아니면 저라는 길가의 초라한 돌맹이겠습니까?"

이야기는 경전 속에 이미 들어 있거나 경전과 결부되어 전해 내려오는 예언자들의 종교적인 사상을 잘 보여 주고 있다. 모세의 십계명은 유대교와 기독교, 이슬람교와 바하이교에서도 동일하게 존중되는 계율인데 이를 이야기로 꾸미면 알기 쉽게 만들 수 있다. 그러면 추상적인 계명의 세계를 넘어서 신자들의 현실 세계에 전달 될 수 있는 것이다. 또 이야기에는 종교적인 개념과 가까운 관계인 교육적인 깨달음도 있다. 무함마드의 사위인 알리에 관한 다음 이야기에는 모세의 10계명 중 하나인 "너는 도둑질 하지 말아야 하느니라" 라는 계명이 들어 있다. 이 이야기는 이 계명을 어긴 사람들이나 특정 사회가 요구하는 기준을 어겨서 그 사회로부터 추방 당할 처지에 놓인 사람들을 다루는 방법으로 쓰일 수 있다.

진실한 도둑

옛날에 존경 받는 현자에게 도둑질하다가 잡힌 나이 어린 도둑이 끌려 왔다. 사람들은 도둑이 나이가 어리기 때문에 법에 정한 것처럼 심한 벌을 주고 싶어 하지 않았다. 현자는 소년에게 도둑으로서의 비참한 인생 길과 절도범으로서의 불행한 삶의 종말을 보여주어서 이 고치기 어려운 더러운 습관과 결별하도록 도와주기로 되어 있었다. 그렇지만 현자는 도둑질에 대해서 한마디 말도 꺼내지 않았다. 그는 소년에게 친절하게 말을 건네서 소년의 믿음을 얻었다. 현자가 소년에게 유일하게 요구한 것은 소년이 항상 진실하겠다고 약속하는 것이었다. 소년은 일이 진짜 쉽게 풀린다고 생각하여 기꺼이 이에 동의하고 매우 안도해 하면서 집으로 돌아 갔다. 그러나 한밤 중에 도둑질할 생각이 구름이 달을 가리듯이 들기 시작했다. 소년이 집의 옆문으로 몰래 빠져 나가려 할 때 갑자기 이런 생각이 들었다. "만약에 누가 길에서 나를 멈추게 하고 뭐하고 있냐고 물으면 어떻게 대답하지? 내가 내일 뭐라고 대답해야 하나? 만약 내가 진실하겠다고 한 약속을 지킨다면 나는 모든 것을 실토해야만 하고 마땅히 받아야 할 벌을 피할 수가 없잖아?" 소년은 나쁜 버릇이 많이 있었음에도 불구하고 진실하려고 노력하였기에 훔치는 것이 어려워졌다. 진실성이 커진 것이 정직함과 정의가 자랄 공간을 마련해 준 것이었다.

적절한 기도

압둘바하가 여행하다가 어느 가족의 저녁 식사에 초대를 받았다. 그 집의 주부는 선한 의도로 그녀만의 뛰어나 음식 솜씨를 보여주기를 열망했다. 그러나 그녀는 음식을 차리면서 음식이 탔다는 사실에 대해 사과를 해야만 했다. 요리를 하면서 음식이 특별히 맛있게 되리라는 희망을 품고 기도문을 읽고 있었던 것이었다. 압둘바하는 친절하게 미소를 지시면서 말씀하셨다. "그대가 기도를 한다니 좋습니다. 그렇지만 다음에 그대가 부엌에 계실 때에는 요리책으로 기도를 하십시오."

이 이야기는 종교의 열렬한 추종자라면 분명하게 인지하고 있는 종교와 일상 생활간의 밀접한 관계를 예시해 준다. 또한 성직자의 도덕률과의 대립에서 생긴 심리적인 장애와 종교적으로 편협해진 마음을 적절하게 지적하고 있다.

바리새인과 세리

예수님께서는 자기를 의롭다고 믿고 다른 사람을 멸시하는 자들에게 이 비유로 말씀하시되,

두 사람이 기도하러 성전에 올라가니 하나는 바리새인이요 하나는 세리라. 바리새인은 서서 따로 기도할여 가로되 "하느님이시여, 나는 다른 사람들 곧 토색(討索), 불의, 간음을 하는 자들과 같지 아니하고 이 세리와도 같지 아니 함을 감사하나이다. 나는 이레에 두 번씩 금식을 하고 또 소득의 십일조를 드리나이다."라고 했다. 그러나 세리는 멀리 서서 감히 눈을 들어 하늘을 우러러 보지도 못하고 다만 가슴을 치며 가로되 "하느님이시여, 불쌍히 여기소서. 나는 죄인이로소이다." 하였느니라. "내가 너희에게 이르노니 이 사람이 저보다 의롭다 하심을 받고 집에 내려 갔느니라. 무릇 자기를 높이는 자는 낮아지고 자기를 낮추는 자는 높아지리라" 하시니라.

(누가 18:9-14)

이 이야기는 우화나 교훈으로 직접적으로 사용될 수 있다. 이런 성격을 지닌 장르는 신약성경에 많이 보인다. 예수님께서 구체적인 상황에 대해 질문을 제기하신 후에 예수님의 제자들과 청중들을 우화와 직접 부딪치게 했다. 이런 우화들은 그 시대에 일상적으로 벌어지는 사건에서 따왔으며 그 당시에 역할과 중요도가 분명한 인물을 주인공으로 설정하고 있다. 대표적인 예는 세리이자 경찰관인 바리새인이다.

네 눈 속의 들보

비판을 받지 아니하려거든 비판하지 말라.

너희의 비판하는 그 비판으로 너희가 비판을 받을 것이요 너희의 헤아리는 그 헤아림으로 너희가 헤아림을 받을 것이니라. 어찌하여 형제의 눈 속에 있는 티는 보고 네 눈 속에 있는 들보는 깨닫지 못하느냐? 보라. 네 눈 속의 들보가 있는데 어찌하여 형제에게 말하기를 나로 네 눈 속에 있는 티를 빼게 하라 하겠느냐? 외식하는 자여(위선자들아) 먼저 네 눈 속에서 들보를 빼어라. 그 후에야 밝히 보고 형제의 눈 속에서 티를 빼어라.

(마태 7:1-5)

이 이야기 속에 들어 있는 은유는 복합적인 의미를 갖고 있다. 그 이미지는 단순한 언어적 수사를 넘어서는 것이다. 자신의 눈에 든 들보라는 예시는 정의에 대한 개인적, 사회적 필요성과 함께 개인의 욕구, 죄책감의 전이와 투시에 대해 설명을 탁월하게 잘한 것이다. 그래서 이 은유는 치료적인 의미로나 판단하는 사람의 입장에서나 배우자, 동료 또는 부모님의 문제에 눈을 돌리기 전에 먼저 자기 자신의 문제를 보아야 된다는 계명을 담고 있다.

다른 사람의 눈 속에 있는 티끌을 보기 전에 자기 눈 속에 있는 대들보를 먼저 보아야 한다는 명령은 어떤 면에서는 심리 치료사의 전문가로서의 윤리에도 부합된다. 치료자는 환자를 치료하기 전에는 심리치료사 양성 훈련 과정 동안 경험이 많은 다른 치료자로부터 심리 치료를 받기 때문이다.

태양을 부르는 자

닭장 속의 수탉이 병이 들어서 아무도 수탉이 다음 날 새벽에 울 것이라고 기대할 수 없게 되었다. 암탉들은 그들의 지도자인 수탉이 해를 부르지 않는다면 태양이 떠오르지 않을 것이라고 생각하여 걱정이 태산 같았다. 여러분도 눈치채셨겠지만 암탉들은 오로지 수탉이 울기 때문에 태양이 뜬다고 생각했던 것이었다. 그 다음날 태양이 솟아 오르면서 암탉들의 미신이 사라져 버렸다. 분명히 수탉은 여전히 울기에는 목이 너무 쉬었고 아팠으나 어쨌든 태양은 빛을 내뿜었고 그 어떤 것도 태양의 진로를 막을 수 없었다.

(페르시아 우화)

신과 인간의 관계는 직유와 이미지로만 표현 될 수 있다. 우주를 지배하는 영의 존재를 증명하는 수학 공식 조차 결국에는 직유 밖에는 안 된다. 그것은 알려지지 않는 분, 인식할 수 없는 분을 몇 걸음이라도 좀 더 가까이 다가가기 위한 노력에 불과한 것이다.

해시계의 그림자

옛날 중동의 어느 왕이 백성들을 행복하게 해주기를 소망했다. 백성들이 시계가 무엇인지 모르기에 왕은 국외 여행을 하다가 해시계를 가지고 들고 왔다. 왕의 선물은 왕국 사람들의 삶을 확 바꾸어 놓았다. 백성들이 점점 더 기민해지고 질서를 지켰으며 신용을 지키고 근면해져서 큰 부를 쌓고 높은 생활 수준을 누리게 되었다. 왕이 승하하자, 백성들은 어떻게 왕의 치적에 대해서 경의를 표할 수 있는지를 생각하게 되었다. 해시계가 왕의 관대함을 상징하고 왕국 발전의 원인이 되었기에 백성들은 해시계 위에다가 금빛 돔을 두른 근사한 사원을 짓기로 결정을 내렸다. 그러나 돔이 해시계 위로 치솟은 사원이 완성되자 태양빛이 더 이상 해시계 위로 닿지 않았다. 백성들에게 시간을 가르쳐 주었던 그림자가 사라져서 해시계라는 공통의 정향이 없어져 버렸다. K씨가 더 이상 시간을 안 지키게 되자 P씨는 더 이상 믿을 수 없게 되었고 또 C씨는 더 이상 부지런히 일을 하지 않게 되었다. 각자가 제 갈 길을 갔고 왕국은 무너져 버렸다.

이 중동 민화는 빛에 대해 직유법을 썼다. 조로아스터교의 추종자들이 진리의 본질을 나타내는 것이라고 여겼던 빛은 이 이야기에서 인간의 능력을 나타낸다. 보통 인간의 능력을 저해하는 요소는 거울 표면을 흐리게 하는 먼지에 비교되는데 여기에서는 먼지 대신에 사원을 썼다. 다음의 예에서 압둘바하는 개개인이 지닌 독특한 개성을 강조해서 재기 번뜩이는 인간의 능력을 폭 넓게 보여주었다. 교사는 정원사로 비유되었고 어린이나 인류 전체는 식물에 비유했다.

교사이자 정원사

교사의 일이란 마치 다양한 식물을 돌보는 정원사의 일과 같느니라. 햇빛을 좋아하는 식물이 있는가 하면 시원한 그늘을 좋아하는 식물도 있고, 개울가에서 자라나는 것을 좋아하는 식물이 있는가 하면 황량한 산 꼭대기에 사는 것을 좋아하는 식물도 있다. 또 어떤 식물은 모래 땅에서 잘 자라고 비옥한 옥토에서 더 잘 자라는 식물도 있다. 각자 자기에게 제일 맞는 보살핌을 필요로 하는데 이렇게 하지 않으면 만족스런 결실을 맺을 수 없느니라.

(압둘바하)

인간의 능력을 다루었다는 점에서 여기에 바하올라의 영혼과 육체의 관계에 대한 글을 소개하는 것이 적절한 듯하다.

영혼과 육체의 관계

사람의 영혼이란 저 높은 곳에서 온 존귀한 것으로서 육체와 정신의 모든 병과는 무관하다는 것을 알지니, 영혼 그 자체는 육체의 어떠한 질병에 의해서도 영향을 받지 않는 채로 남아 있으므로 환자가 쇠약해지는 징조를 보이는 것은 그의 영혼과 육체 사이에 끼어 든 장애에 기인하는 것이니라. 등잔의 불빛을 생각해보라. 외부의 물체가 등잔 불빛을 방해할지라도 등잔의 불빛 그 자체는 조금도 줄어들지 않은 채 여전히 비치지 않는가? 이와 마찬가지로 인간의 육체를 괴롭히는 질병이란 모두 영혼이 그 고유한 힘과 능력을 나타내지 못하게 하는 장애인 것이다. 그러나 영혼이 육체를 일단 떠나면 지상의 그 어떤 힘도 비교할 수 없을 정도의 위대한 능력을 증명하며 지대한 영향력을 드러내게 된다. 모든 순수하고 순화되었으며 성화된 영혼은 엄청난 힘을 부여 받게 될 것이고 대단한 기쁨을 누리게 될 것이다.

되 밑에 감추어 둔 등잔을 생각해 보라(마태 5장 15절). 등잔의 불빛이 빛나더라도 그 광채는 인간의 눈으로부터 가리워져 있지 않는가? 그 빛의 근원이 사실상 변하지 않는 채로 남아 있음에도 불구하고 어떻게 등잔의 불빛이 줄어든 것처럼 보이는지를 자세히 보아라! 인간의 영혼이 태양에 비유된다면 지상의 모든 것은 그의 육체로 여겨져야 하느니라. 어떠한 외적인 장애물이 영혼과 육체 사이에 끼어 들지 않는 한, 육체는 영혼의 빛을 온전히 반사하게 될 것이고 영혼의 힘에 의해 지탱될 것이다. 그러나 육체와 영혼 사이에 베일이 쳐지자마자

영혼의 빛의 밝기는 감소한 것처럼 보일 것이다.

다시 구름 뒤에 완전히 가리워진 태양을 생각해 보라. 지구가 여전히 태양의 빛으로 밝아져 있으나 지구가 흡수하는 빛의 양은 상당히 감소하였느니라. 구름이 사방으로 흩어져야만 비로소 태양이 다시 그 영광을 완전히 드러내 보일 수 있느니라. 구름의 존재나 부재 모두 어떤 식으로나 태양 고유의 광채에 영향을 미칠 수 없도다. 인간의 영혼은 태양이며 이 태양이 인간의 육체에 빛을 주고 이 태양에 의해 인간의 몸이 지탱된다고 여겨져야 하느니라.

또 어떻게 열매가 열매 맺히기 전에는 나무 속에 잠재적으로 존재했는지를 생각해 보라. 나무를 여러 조각으로 자르더라도 아무리 작은 열매의 표시도 열매 조각도 찾을 수 없을 것이니라. 그렇지만 열매가 열릴 때에는 그대가 지금까지 보다시피 그 경이로운 아름다움과 그 찬란한 완전성을 드러내 보이니라. 진실로 어떤 열매들은 오직 나무에서 분리 된 후에야 완전히 성숙하기도 하느니라.

(바하올라의 낙수집 155쪽)

기회로서의 위기

옛날에 사랑하는 임과 오랜 기간 헤어져 있어야 하는 슬픔 때문에 탄식하던 사람이 있었는데 먼 이별의 불길로 심히 쇠약해져 있었소이다. 사랑의 지배를 받던 그의 마음엔 인내심이 고갈될 대로 고갈되어

버렸고, 그의 육신은 그러한 정신으로 피폐해 있었소이다. 그녀가 없던 삶은 살 가치가 없다 여겼으며, 그는 이렇듯 힘든 나날을 보냈소이다. 얼마나 많은 날을 그녀를 애타게 그렸는지 그의 마음엔 안식이라곤 없었고, 얼마나 많은 밤을 그녀를 보고파 하는 마음의 고통으로 잠을 설쳤는지, 그의 육신은 몹시 쇠잔해졌으며 마음의 상처는 비탄의 눈물을 자아내게 했더이다. 그녀와 함께 있는 기쁨의 잔을 맛보고 싶어 천 번의 목숨을 던지는 희생도 마다지 않았건만 아무 소용이 없었소이다. 어느 의사도 그를 치유하지 못하였고 그의 벗들은 그와의 교제를 피하게 되었소이다. 실로 임의 호의가 없이는 어떤 의사도 그의 상사병을 치유할 약이 없었을 것이었소이다.
결국 그의 열망의 나무는 절망의 열매를 맺고 말았으며 그의 소망의 불길은 재로 화하고 말았더이다. 그러던 어느 날 밤, 그는 더 이상 견딜 수 없어서 집을 나와 장터로 향하였소이다. 그는 달리기 시작했고, 뒤따르던 파수꾼도 그 뒤를 바짝 쫓아 왔으며 이내 또 다른 파수꾼이 나타나 지쳐있는 그의 모든 길을 막아버렸소이다. 가엾은 사나이는 마음 속으로 울부짖었고 여기 저기 도망다니며 신음하듯 지껄였소이다. "이 파수꾼은 분명 날 바짝 따라붙는 이즈라일이라는 죽음의 천사든지 아니면 나를 헤치려는 인간들의 폭도인가보다." 사랑의 화살을 맞아 피를 흘리는 그는 계속 달렸고 그의 마음은 통탄을 했소이다. 그러다가 그는 어떤 정원을 둘러싼 담에 이르렀고 갖은 고생 끝에 그 높디 높은 담 벽을 기어 오른 후 목숨을 마다하고 그 아래 정원으로 몸을 날렸소이다.

그리고 거기서 그는 호롱 등을 들고 잃어버린 반지를 찾고 있던 그

녀를 발견하게 되었소이다. 마음을 다 바쳐 사랑한 그의 아름다운 임을 보는 순간, 그는 큰 숨을 몰아 쉬고는 두 손을 치켜들고 소리 높여 이같이 기도를 하였소이다. "오 하느님! 저 파수꾼은 불행한 이몸을 인도한 천사 가브리엘이었거나 이 가엾은 자에게 부활을 가져다 준 이스라필이었으니 그에게 영광과 부와 장수를 내려주소서!"

실로 그의 말이 옳았소이다. 겉으로는 무자비해 보였던 파수꾼에게서 그는 많은 숨겨진 정의를 발견했고 장막 속에 가려진 자비를 보았기 때문이라오. 성난 파수꾼의 행동은 사랑의 사막에서 목말라 하던 그를 임의 바다로 이끌어 주었고 외롭고 어두운 밤을 재회의 빛으로 밝혀 주었소이다. 그 파수꾼은 멀리 떨어져 있던 그를 가까움의 정원에 들게 하였고 병든 영혼을 마음의 의사에게로 인도시켜 주었던 것이외다.

혹 그가 앞을 내다 볼 수 있었더라면 그는 처음부터 이 파수꾼을 축복하였을 것이고 그를 위해 기도를 올렸을 것이며 그의 무자비를 정의로 보았을 것이외다. 허나, 종말을 예측치 못하였기에 그는 처음에는 마음 아파했고 비탄에 빠졌소이다. 하지만 지식의 정원을 여행하는 이들은 처음부터 끝을 알기 때문에 전쟁 속에서 평화를 보고 노여움에서도 친절을 보외다.

이것이 바로 이 골짜기를 여행하는 이들의 상태라오. 그런데 이미 이 골짜기를 거쳐 나간 이들은 시작과 종말을 아예 하나로 여긴다오. 아니 그들은 시작도 끝도 보지 아니하며 "처음"과 "마지막"을 목격하지 않더이다.

(바하올라의 일곱 골짜기 33-37쪽)

솔로몬의 재판

때에 창기 두 계집이 왕에게 와서 그 앞에 서며 한 계집이 말하되 "내 주여 나와 이 계집이 한 집에서 사는데 내가 저와 함께 집에 있으며 아이를 낳았더니, 해산한지 삼일에 이 계집도 해산하고 우리가 함께 있었고 우리 둘 외에는 집에 다른 사람이 없었나이다. 그런데 밤에 저 계집이 그 아들 위에 누으므로 그 아들이 죽으니, 저가 밤중에 일어나서 계집종 나의 잠든 사이에 내 아들은 내 곁에서 가져 다가 자기의 품에 누이고, 자기의 죽은 아들을 내 품에 뉘었나이다. 미명에 내가 내 아들을 젖 먹이려고 일어나 본 즉 죽었기로, 내가 아침에 자세히 보니 내가 낳은 아들이 아니더이다" 하매,

다른 계집은 이르되 "아니라 산 것은 내 아들이요. 죽은 것은 네 아들이라" 하고 이 계집은 이르되 "아니라 죽은 것이 네 아들이요. 산 것이 내 아들이라" 하며 왕 앞에서 그와 같이 쟁론하는지라 왕이 가로되 이는 말하기를 "산 것은 내 아들이요. 죽은 것은 네 아들이라 하고, 저는 말하기를 아니라 죽은 것이 네 아들이요. 산 것이 내 아들이라 하는 도다" 하고 또 가로되 "칼을 내게로 가져오라" 하니 칼을 왕의 앞으로 가져온지라 왕이 이르되 "산 아들을 둘에 나눠, 반은 이에게 주고 반은 저에게 주라." 그 산 아들의 어미 되는 계집이 그 아들을 위하여 마음이 불붙는 것 같아서 왕께 아뢰어 가로되 "청컨대 내 주여, 산 아들을 저에게 주시고 아무쪼록 죽이지 마옵소서" 하되 한 계집은 말하기를 "내 것도 되게 말고, 네 것도 되게 말고 나누게 하라" 하는지라. 왕이

대답하여 가로되 "산 아들을 저 계집에게 주고, 결코 죽이지 말라 저가 저 어미니라" 하매 온 이스라엘이 왕의 심리하여 판결함을 듣고 왕을 두려워하였으니, 이는 하나님의 지혜가 저의 속에 있어 판결함을 봄이더라.

(열왕기상 3:16-28)

유대인의 경전인 구약 성경은 첫눈에 보아도 흥미로운 역사책이자 고대 이스라엘 조상의 가계도 이상인 것처럼 느껴진다. 그렇지만 구약성경은 사건을 나열하면서 도덕적, 윤리적 계명을 열거하거나 단순한 역사적 사실을 요약하는 것을 넘어서는 우화와 이미지를 포함하고 있다. 각각의 사건은 중요하고 어떤 면에서는 오늘날의 사람들에게 까지도 교훈을 줄 수 있다. 다시 말하자면 구약 성경의 이야기는 민간 심리 치료의 견지에서도 효과적인 도구이다. 이것의 좋은 예가 솔로문의 재판이다. 아주 현대적으로 들리는 이 이야기는 이혼 재판과 자녀 양육권 결정의 판례로 쓸 수 있을 정도이다. 엄중한 판결을 요구하는 사람이 아니라 자녀나 배우자를 위해 희생할 의향이 있는 사람이 자녀 양육의 책임을 질 자격이 있는 사람이라는 점을 잘 알려 주고 있다.

베르톨트 브레히트는 그가 쓴 현대 소설에서 솔로몬의 재판을 주제로 삼았다. 그러나 화자로서 봉건 시대의 통치자인 솔로몬을 쓰지 않고 현명한 판사 이즈닥을 내세웠다. 브레히트는 칼을 없애고 두 어머니가 아이를 자기 편으로 끌어 들이는 싸움을 하게 했다.

아이를 칼로 두 동강 내는 것이 진짜 어머니의 모성애에 의해서 방지되는, 솔로몬의 재판에서 암시하는 것은 이혼할 때 자녀의 감정과 경험 세계에서 자주 일어 난다. 자녀들은 자기 마음과 영혼이 어머니와 함께 있지만 죄책감이나 정의감 때문에 아버지 편을 드는데 이 때 마음이 갈기갈기 찢겨 지는 것을 경험하게 된다. 여기에 우리가 생각해 볼 점이 있다. 솔로몬의 재판의 판결에는 어머니의 모성애와 자기 주장을 포기할 수 있는 여성의 능력을 필요로 했다. 우리가 오늘날 자주 보는 것처럼 쌍방이 아이들을 위해 싸우고 있지만 자녀의 복지를 고려하지 않고 자기 권리만 요구할 때 솔로몬은 어떻게 대처했을까?

다음 세계에서의 정의

물라가 연단에서 설교를 하고 있었다. "가난한 자는 축복을 받을 지니라. 옷을 사지 못해서 지상에서 벌거벗고 다니는 자는 다음 세상에서 가장 비싼 옷을 입게 될 것이다." 물라는 배고픈 눈으로 자신을 쳐다보고 있는, 누더기 옷을 입고 있는 가난한 남자에게 향하더니, "나의 좋은 벗이여, 그대는 나의 이웃이니라. 내가 그대에게 말할지니 다음 세상에서 그대는 전에 만져 보지도 못했던 옷을 입게 될 것이며 심지어는 냄새 조차 맡아보지 못했던 음식들을 먹게 될 것이다. 그렇지만 단 한 가지 조건하에 이를 이야기 했노라. 즉 다음 세상에서 내가 그대를 찾아가서 그대에게 무언가를 부탁할 때 내가 그대의 이웃이었다는 것을 잊지 말아야 하느니라."

물라는 가난하고 정당하게 대접 받지 못한 사람들에게는 다음 세상에서는 정의가 있을거라는 기대를 품게 하는데 그것조차도 이기심의 올가미를 벗어날 수 없는 듯 하다. 물라가 지핀 희망의 불은 거지에게 준 돈과 같아서 거지를 돕기 위해서가 아니라 자신의 죄책감과 책임감을 누그러뜨리고 구원을 더 보장 받기 위한 것이었다. 물라는 가난한 거지의 배고픔을 가라 앉힐 수 있게 하는 한 조각의 빵이나 돈 한 푼도 주지 않았고 단지 희망을 약속하는 말만 했을 뿐이었다.

학자를 예언자와 구별 짓는 것이 무엇인가?

옛날에 아비시나를 무척 존경하는 제자가 그에게 가까이 다가왔다. 제자가 말했다. "위대한 스승이여, 당신은 우리 시대의 학자들보다 더 현명하십니다. 당신은 철학자이자 의사, 시인 그리고 천문학자이십니다. 당신은 그 모든 것을 아시며 심지어는 우리 시대가 필요로 하는 과학 그 이상을 알고 계십니다. 저는 수 천만명의 사람들이 당신을 따르고 당신 말씀을 들을 것이라고 확신합니다. 당신께서도 알다시피 무함마드는 과학을 잘 모르는 낙타지기에 불과한 사람이었지만 그분의 말씀은 수 백만 명의 귀에 닿았습니다. "내가 때가 되면 자네에게 이를 설명할 것이라네" 아비시나가 말했다. "좀 인내심을 가지게"

노인들이 기억하고 있었던 것 보다 훨씬 더 추웠던 그 다음해 겨울에 아비시나는 병으로 침대에 드러눕게 되었다. 때는 밤이었다. 열로

목이 말랐던 아비시나는 찬물 한 모금을 마시고 싶었다. 아비시나는 룸 메이트인 그의 제자에게 말했다. "내가 무척 목이 마르는구나. 밖에서 물 한 잔만 내게 갖다 주어라." 제자는 이 혹독한 추위에 밖에 나갈 생각을 하자 이불 속으로 더 기어 들어 갔다. 제자는 말했다. "아닙니다. 스승님. 지금 같은 상태에는 찬물이 독이라고 모든 의사들이 말하는데요."

아비시나의 갈증이 더해 갔다. 혀가 입 속에서 말라 붙는 것 같았다. "가서 내게 물 좀 갖다 주게. 내 병에는 찬 것이 최고의 치료제야"

그렇지만 제자는 스승의 소원을 들어주기 위해 밖의 우물의 얼음을 깨야 한다는 생각만 해도 소름이 돋을 지경이었다. 제자는 굽히지 않고 찬물보다 더 나쁜 것은 없다고 계속해서 우겼다. 그렇지만 훌륭한 의사이기도 한 아비시나는 찬물만이 그의 고통을 덜어줄 것이라고 계속해서 고집했다. 두 사람은 각자의 주장을 놓고 입씨름을 시작했는데 이는 결국 밤새 내내 계속 되었다. 새벽이 밝아 오자 모스크의 탑에서, 신자들이 예언자 무함마드가 명한 대로 세정을 하고 메카를 향해 절을 하고 성스러운 코란을 낭송하도록 부르는 무에진의 목소리가 울려 퍼졌다. 아비시나의 제자는 이불을 옆으로 젖히고 침대를 뛰쳐나와 밖으로 폭풍처럼 달려 나가서 우물의 얼음을 깨서 그의 종교가 명한 대로 세정을 했다. 그리고 나서 찬송의 노래인 아침기도를 올리기 위해 기도용 카페트 위에 무릎을 끓었다.

제자가 기도를 마친 후에 아비시나가 제자에게 말을 걸었다. "벗이여, 그대는 왜 내가 예언자라고 주장하지 않느냐고 내게 물었던 것을 아직도 기억하고 있는가? 오늘 내가 그대에게 그 답을 하고 싶도다.

보아라. 낙타지기에 불과한 무함마드가 우리 곁을 떠나 신지 벌써 300년이 더 넘었다. 그렇지만 그분의 말씀은 그대를 따뜻한 이불 밖으로 나가게 하는 힘과 위력이 있도다. 그 분의 말씀은 그대가 차가운 얼음물로 목욕을 하고 추위에도 불구하고 기도를 하게 하는 힘이 있도다. 내가 그대에게 물 한잔을 갖다 달라고 밤새 내내 애원했을 때 그대가 나를 스승으로 존경하고 있다는 것을 내가 알고 있음에도 불구하고 나의 모든 말은 여전히 너무나 미약했었다. 이것이 나의 학식에도 불구하고 내가 예언자라고 결코 주장하지 않을 이유 중의 하나이니라."

무엇보다도 이 이야기는 한가지 점을 분명하게 지적해 주었다. 환자가 얼마나 치료자를 신뢰하건 간에 치료자는 예언자에게만 있는 카리스마(권위)에 의지 할 수 없다는 것이다.

2. 의사의 실수와 희망

루비의 기적

칼리프(이슬람 세계의 왕)가 노래를 금했다는 것을 세이크(수피의 스승)가 찻집에서 발표했다. 한 수피가 이를 듣자 너무나 슬퍼했다. 그러자 그의 존재 가장 깊숙한 곳에 있는 내적인 실체가 쪼그라들어 혹이 되는 중병에 걸렸다. 유명한 의사가 그의 병상에 불러갔다. 의사는 맥박을 짚고 그의 의학 기술에 따라 수피를 진찰했으나 수피의 병이 의서에서 읽은 것들과 일치하지 않았고 수년간의 개업의의 경험에 비추어 봐도 그랬다.

수피가 마지막 숨을 내쉬고 죽자 지식에 목마른 의사는 그 시신을 해부했다. 의사는 수피가 가장 통증을 느꼈던 부위에서 루비처럼 빨간 큰 혹을 발견했다. 후에 의사가 경제적으로 쪼들리자 그 돌을 팔아버렸다. 그리고 나서 그 돌은 손에 손을 거쳐 마침내 칼리프의 소유가 되었다. 칼리프는 그 돌로 반지를 만들었다.

어느 날 칼리프가 그 반지를 끼자 칼리프가 갑자기 노래하기 시작했다. 동시에 몸에 상처가 하나도 없었음에도 불구하고 옷이 핏빛으로 물들었다. 놀란 칼리프는 그의 루비 반지가 끓는 기름처럼 거품을 내면서 피처럼 옷으로 퍼져나가는 것을 보게 되었다. 이 기적에 충격을 받은 칼리프는 이 루비의 비밀을 추적하고 싶었다. 칼리프는 전 소유자들을 하나씩 소환하여 마침내는 그 의사에게까지 이르렀다. 의사는 마침내 칼리프에게 그 신비를 설명할 수 있게 되었다.

고대 중동의 의사들은 부유한 계층에 관심을 많이 가지긴 했지만 의사의 역할이라는 것이 치료와 동시에 종교적인 자선의 의미를 지니고 있었기 때문에 많은 병원들이 이슬람교의 주일인 금요일 전날, 목요일 오후에는 '가난한 사람은 무료로 진료합니다' 라고 쓰여진 현수막을 내걸곤 했다. 오늘날에도 전통을 고수하는 병원들은 아직도 이런 일을 계속 하고 있다.

중동의 의사들은 한 사람이 하기에는 좀 많은 임무를 수행해야 하고 여러 가지 역할을 해야 했는데 그 당시의 진료는 오늘날의 의사들의 진료 행위에 비하면 별로 전문적이지 못한 편이었다. 진단법은 환자와의 면담뿐만 아니라 소변 검사, 박동수 체크, 검진으로 구성되어 있는데 이는 현대의 심신 상관 의학에서 쓰는 진단법을 연상케 한다.

고대 페르시아의 시인들과 이야기꾼들은 마음에 드는 의사의 행동을 칭찬하고 돌팔이 의사들의 허풍은 조롱했다. 물론 기술 좋고 노련한 의사들은 귀족들과 부자들에게 더 가까이 다가 가기가 더 쉬웠다. 교훈이 담긴 이야기 속에서 의사들은 세상 돌아가는 이야기를 전해주었는데 그래서 의사에게 낼 돈이 없는 사람들도 돈 한 푼 들이지 않고 의사의 지혜에서 이득을 얻고 교훈을 배울 수 있었다.

이 이야기를 이해하기 위해서는 그 당시 널리 퍼져있었던 사회 상황들을 고려해 보아야 할 필요가 있다. 고대에는 왕과 고위 관리, 성직자가 봉건 사회의 통치자였고 물론 의사라는 계급이 높이 평가받긴 했지만 군인이나 공무원들처럼 봉사를 해야만 하는 계급이었다. 이와 함께 의사는 어떤 면에서는 이곳 저 곳으로 이동하면서 상품이나 기술을 파는 상인과 같았다. 게다가 환자의 고통과 종교적인 가르침을 조화시켜야만 했고 고통을 코란의 지혜와 결부시키는 일도 해야 했다. 사람들이 병에 걸린 것 때문에 신에게 분노하는 것도 의사가 막아야만 하는 일이었다.

슬픔은 나누면 반이 되고

"자, 주무세요. 내일도 하느님께서 내려 주시는 날이잖아요." 남편이 수 십번씩 뒤척이면서 돌아 눕곤 하자, 아내는 지친 목소리로 말했다. "당신이 그렇게 움직이니까 저 또한 잘 수가 없어요." 그러자 남편이 불만에 가득찬 목소리로 말했다. "여보, 당신에게 나 같은 문제가 있었더라면 날 이해 할지도 모르겠소. 몇 달 전에 내가 어음을 발행했는데 내일이 바로 그 기한이야. 나같이 불쌍한 사람이 어디 있겠어! 당신도 알다시피 집엔 땡전 한푼도 없잖아. 또 내가 돈을 꾼 우리 이웃은 돈 문제에 있어서는 전갈보다 독이 더 올라 있는 사람이잖아. 불쌍한 내 신세야! 이러니 내가 어떻게 잠을 잘 수 있겠어? 남편은 이 말을 하면서 벌써 십여 차례 앞뒤로 뒤척이고 돌아 눕곤 하였다. 부인이 남편을 진정시키고 잠들게 하려던 모든 노력이 모두 헛수고였다. "아침까지 기다려봐요. 그러면 사정이 달라 보일지 몰라요." 부인은 남편을 위로하려고 노력했다. 남편이 신음하듯 말했다. "어떤 것도, 그 어떤 것도 안 될거야. 모든 것이 틀렸어." 마침내 부인은 인내심을 잃고 옥상에 올라가서 이웃을 외쳐서 불렀다. "당신도 알다시피 제 남편이 당신

에게 내일이 기한인 빚을 졌어요. 당신이 모르고 있는 것을 제가 말씀드릴께요. 제 남편은 내일 빚을 갚을 수 없어요." 이웃집의 응답을 기다리지 않고, 부인은 침실로 다시 뛰어 들어오더니 말했다. "만약 내가 잠을 못자면 우리 이웃집도 잠 못 들겠지." 남편은 귀까지 이불을 끌어올리고 두려움에 휩싸여 이빨을 딱딱 부딪히고 불안해 하면서 누워 있었는데 반해 부인은 아주 도전적인 태도로 이불 속으로 다시 들어 갔다. 곧 사방이 조용해졌으며 이 부부의 숨소리 조차 들리지 않았다.

이야기 속에서 의사가 아닌 보통 사람이 하는 심리 치료는 대부분 교활하고 약삭빠른 방법을 쓴다. 사람들은 자기 능력이 되는 한, 자기 배우자나 적, 기존 사회 질서, 기존 사회 세력, 그리고 심지어는 자신의 공포심을 이기려고 노력하는데 그렇게 함으로써 어떤 해방감 같은 것을 느낄 수 있기 때문이다. 위의 이야기에도 그런 면이 들어 있다. 부인은 자신이 이해한 대로 정의를 세움으로써 남편과 자신을 돕는다. '내가 내 문제 때문에 잠을 잘 수 없다면 왜 다른 사람이 잠을 잘 수 있는가?' 이 주관적인 정의(正義)는 물론 문제를 풀지 못하고 빚이 이런 식으로 지불 될 수도 없다. 그러나 어음을 갖고 있는 사람에게 무력하게 매달리는 느낌은 안 가져도 된다. 채권자는 이제 채무자보다 더 편할 게 없게 되었기 때문이다.

마술사

성직자인 물라는 부인이 견과류로 만드는 이란 요리인 페신존을 만들어 주겠다고 약속했기 때문에 부인을 위해 견과류를 조금 갖다 주고 싶었다. 물라는 자신이 가장 좋아하는 음식을 기다리는 기쁨에 넘쳐서 견과를 보관하는 병 속에 손을 넣었다. 물라는 병에서 손을 빼내려고 하자 손이 안 나오는 것이었다. 아무리 세게 손을 당기고 비틀어 보았지만 병이 그의 손을 나가게 놔두지 않았다. 물라는 소리를 치고 신음소리를 내다가 물라로서는 정말 해서는 안 되는 욕까지 퍼부었다. 부인이 병을 잡고 온 힘을 다해 잡아 당겼지만 변한 것이 없었다. 물라의 손은 병 주둥아리에서 빠져 나오지 못하고 갇혀 있었다. 몇 차례의 헛수고 끝에 물라와 부인은 이웃들에게 도움을 청했다. 모두가 그들 앞에서 벌어지고 있는 이 구경거리에 큰 관심을 갖고 따라 왔다. 그 중 한 이웃은 이 상황을 보더니 물라에게 어떻게 이런 사고가 났는지를 물었다. 물라는 절망적인 신음소리를 내면서 애처로운 목소리로 자기에게 일어난 재난에 대해서 말했다. 그러자 이웃이 말했다. "만약 당신이 제가 말한 대로 행동한다면 당신을 도와 드리겠습니다."

"만약 당신이 저를 이 지독한 병으로부터 자유롭게만 해준다면 당신이 말하는 어떤 일이라도 할 것을 약속합니다."

"그렇다면 손을 병 속으로 더 밀어 넣으세요."

물라에게는 이것이 좀 이상하게 여겨졌다. 병 밖으로 손을 빼고자 하는데 왜 병 속으로 손을 더 집어 넣어야 한 단 말인가? 그렇지만 물

라는 들은 데로 했다.

이웃은 계속해서 말하기를 "자, 손을 펴시고 손에 쥐고 있는 견과를 떨어뜨리시오." 이 요구는 물라를 격분시켰다. 결국 물라는 그가 제일 좋아하는 요리에 쓸 견과를 원했었는데 지금 그 견과들을 내버려야만 했던 것이다. 물라는 망설이면서 이웃의 지시를 따랐다. 이웃이 말했다. "당신 손을 오므려 작게 만들어서 천천히 병 밖으로 손을 빼보시오."

물라가 그렇게 했을 때 아무런 문제 없이 병 밖으로 손을 뺄 수 있었다. 그렇지만 물라는 완전히 만족하지 않았다. "내 손은 자유롭지만 견과는 어디에 있소?" 그 순간에 이웃이 병을 들더니 뒤집어서 물라가 필요한 만큼의 견과를 쏟아 놓았다. 물라는 눈을 동그랗게 뜨고 입을 딱 벌리면서 이를 보더니 말했다. "당신 혹시 마법사 아니요?"

(페르시아 우화)

고대 중동에서 심리 치료가 시술된 시절 이래로 심리치료에는 많은 변화가 있었다. 심리적인 문제와 문제 행동에 대한 이해가 점차 체계적, 과학적이 되었고 학습의 기능이 알려졌으며 사회적인 맥락에서의 성격의 역동과 성격의 본질이 발견 되었다. 그러나 적어도 치료자의 역할이라는 관점에서는 본질적으로 변한 것이 없다. 오늘날에도 치료자에게는 불가사이하고 초자연적인 신비로운 것을 다스릴 수 있는 능력이 있는 마술사의 이미지가 있다. 치료자는 X-Ray가 인체를 투사하는 것처럼 영혼의 어두운 그림자를 뚜렷이 볼 수 있다는 것이다. 이런 표현이 치료자의 귀에는 기분 좋게 들리겠지만 회복이 즉각 일어나지 않을 때에는 환자가 치료자에게 실망하기 때문에 이런 관점은 치료를 방해한다. 실망하는 반응은 치료적으로 저항이나 방어 기제 아니면 전능한 '하느님 아버지' 에 대한 요구로 이해되고 다루어 질 수 있다. 그럼에도 불구하고 많은 환자나 대중의 의식에서도 표현 되듯이 마술사이어야만 하는 치료자의 이미지는 심리 치료의 걸림돌이 된다.

원하는 꿈

백발에다가 이가 전혀 없는 셰이크(수피의 스승)가 의사에게 찾아가서 불만을 토해 냈다. "당신 인류의 구원자이시여! 저를 좀 도와 주십시오. 저는 요즘 어떤 꿈이 저를 사로 잡아서 거의 잠을 못자고 있습니다. 저는 어느 하렘(후궁들의 거주지)의 앞 마당에 가는 꿈을 꾸었습니다. 거기 있는 여자들은 마치 정원에 핀 꽃같이 아름답고 에덴 동산의 사과처럼 탐스러웠으며 천국의 젊고 아름다운 처녀들처럼 아름다웠습니다. 그런데 제가 안뜰에 들어가자 마자 여자들이 비밀 통로로 사라져 버렸습니다."

의사는 이마를 찌푸리고 꿈에 대해서 조심스럽게 생각해보고 나서 마침내 물어 보았다. "분명히 당신은 이 꿈을 쫓아낼 약이나 가루 같은 것을 제가 주기를 바라시는 거죠?"

소스라치게 놀란 셰이크는 큰 소리로 외쳤다. "아닙니다. 그게 아닙니다. 제가 원하는 것은 오직 꿈에서 비밀통로로 가는 문이 잠겨서 여자들이 저에게서 도망가지 못하는 겁니다."

아이들은 "꿈은 잠자는 동안 보는 영화"라는 말을 하곤 한다. 이 간단한 말 속에 뼈가 있는 진리가 있을 지도 모른다. 꿈에서 사건들이 일어나는 방식은 꿈꾸는 사람이 자신이 꿈의 주인공인지 단지 구경꾼인지 거의 구별할 수 없을 정도이다. 생리학에서는 꿈을 수면의 한 단계로 본다. 꿈이 무엇을 의미하는 가에 대한 의견이 구구한데 예를 들어 미래에 대한 예언, 경험에 대한 정보처리 이론, 또 무의식의 언어 등이 있다. 이중 마지막 견해는 정신분석의 주요관심사이다. 정신분석은 꿈의 내용이 깨어 있는 시간에 억압되고 무시된 것이 콘트롤이 적은 수면 중에 상징으로 변장한다는 견해에서 발전된 학문이다. 상징은 꿈의 해석자를 상징이 전달하고자 하는 내용으로 안내한다. 꿈 속에서 상징의 언어는 꿈꾸는 사람의 눈 앞에 펼쳐지는데 꿈속의 행동, 인물, 이야기는 꿈꿀 때만 의식되고 다시 잊어버리거나 아니면 몇 시간, 몇 일, 심지어는 평생동안 따라다닌다.

꿈 속의 의미가 분명할 때는 드물기에 다른 사람에게 꿈 해석을 받거나 본인이 스스로 이해하는 수 밖에 없다. 우리가 사회적 상황에서 사람들과 이야기하는 것처럼 우리도 꿈속에서 자기 자신에게 이야기를 한다. 그러나 처음에는 꿈을 꾸게 된 원인이나 꿈이 내리는 결론을 내리기는 어렵다. 그것은 마치 다른 사람이 우리가 예민하게 느끼는 부분을 직접 말해주는 것과 같다. 우리는 꿈속에서 다른 사람의 감정을 마치 나의 것처럼 느끼고 거기에 따라 행동한다. 아마도 꿈속에서는 중개자로서, 해결자로서 중요성을 지니는 환상이 이성이 지배적인 일상 생활에서는 부정되기 때문인 것 같다. 따라서 꿈은 꿈꾸는 사람의 성격과 밀접하게 연관되어 있는 이야기인 것이다. 꿈은 현실을 자기 나름대로 반영하는 개인적인 신화이므로 사람들이 현실을 이해하는 틀 속을 완전히 들여다 볼 수 있게 한다.

정신 분석과 심층 심리학에서는 꿈을 무의식으로 가는 왕도라고 말한다. 치료자는 환자가 꿈을 연상해서 이야기하는 과정 속에서 꿈을 해석하면서 환자 마음을 지지해주는 만큼 치료적으로 사용될 수 있다.

꿈은 치료자와 환자의 관계에 투입된 치료적인 매개체로서 작동하며 주로 환자의 개인사를 다룬다. 사회문화 집단에서 대대로 전해오는 이야기들도 이와 비슷한 기능을 가지고 있다. 그러나 그 경우에는 집단적인 과거를 다루게 된다. 그러므로 꿈과 이야기 사이를, 개인의 신화와 사회문화적 집단의 신화 사이를 나누는 분명한 선을 그을 수는 없다. 그 이유중의 하나는 사회문화적 집단의 삶에서 역활을 하는 많은 것들은 개인의 경험을 정보 처리하는 것과도 관련되어 있기 때문인 것 같다. 또 다른 이유는 사회문화적 집단의 성원은 그들의 사회문화적 전통에서 비슷한 주제를 택하고 비슷한 동기를 반복적으로 선택하기 때문이다.

누구를 믿어야 되는가?

한 농부가 물라에게 물었다. " 나으리, 제게 오늘 오후에 당나귀를 빌려주실 수 있으십니까?"

물라가 답했다. "벗이여, 그대도 알다시피 나는 언제나 그대가 필요할 때에 그대에게 도움을 줄 준비가 되어 있소. 독실한 신자여! 내 마음은 그대가 내 당나귀로 논밭의 수확물을 싣고 집으로 가는 것을 보는 것을 기뻐한다오. 그렇지만 벗이여, 뭐라고 말해야 될지. 지금 이 순간에 다른 사람이 내 당나귀를 쓰고 있소."

물라의 진실성에 감동한 농부는 이렇게 감사를 표했다. "비록 나리께서 저를 도와주실 수 없었지만 그 친절한 말씀은 제게 무척 도움이 되었습니다. 고매하고 친절하시며 현명한 물라이시여, 하느님께서 함께 하시기를!" 그러나 농부가 아직 고개를 숙여 절을 하고 있을 때 마구간에서 당나귀의 울음 소리가 들려 왔다. 농부는 깜짝 놀라서 위를 쳐다보고는 마침내 못 믿겠다는 표정을 지으며 물라에게 따지듯이 물었다. "제가 들은 소리가 뭐죠? 나리의 당나귀가 결국 여기에 있군요. 제가 들은 것은 당나귀 소리인데요."

물라는 얼굴이 화로 시뻘겋게 물들더니 마침내 소리쳤다. "이 감사할 줄 모르는 인간아! 내가 당나귀는 여기에 없다고 말했잖아. 너는 누굴 더 믿는거냐? 이 물라님이냐, 아니면 나보다 더 멍청한 나귀의 바보 같은 울음 소리더냐?"

환자뿐만 아니라 치료자들도 눈에 뭔가 씌워져 있는 경우가 많다. 치료자들은 분명한 병의 원인을 밝힐 수 있다고 믿으며 병을 일으킬 수 있는 요인들과 배경들을 무시하곤 한다. 그래서 심신 상관의학은 오랫동안 학문 밖에서 존재해왔다. 치료자들의 편협한 시각은 의학의 놀라운 발전에 의해 더욱더 강화되어서 신체적, 정신적, 사회적 영역과 병과의 연관관계는 계속적으로 무시되어 왔다. 직장 생활의 스트레스, 계속되는 가정문제, 사랑하는 사람의 죽음을 비정상적으로 애도하는 것 등은 병의 원인으로 받아들여지지 않았다. 치료자들은 오직 신체적 증상만 치료했고 정신적인 증상조차도 적절한 약으로 치료하려고 들었다. 다른 한편에서는 사람들은 이와는 정반대 되는, 거의 도그마적인 신념을 가졌다. 어떤 사람들은 심리치료를 옹호하기 위해서, 환자의 견디기 힘든 고통을 감소시킬 수 있다는 사실을 무시하고라도 일체의 투약을 완전히 금했던 것이다.

치료자는 치료법을 선택하기 전에는 각 케이스를 주의 깊게 보고 들으며 그 상태를 체크해 보는 것이 중요하다. 어느 치료자를 믿을지 결정하는 것은 상당 부분이 환자에게 달렸는데 왜냐하면 환자는 병에 대한 정보를 제공 받고 치료법이 뜻하는 바를 알아낼 권리를 갖고 있기 때문이다. 바로 이런 이유 때문에 심리치료 훈련을 안 받은 다른 전공 의사일지라도 심리 치료의 잠재력과 한계를 알아서 각 환자에게 가능한 빨리 적절한 치료법을 골라 줄 수 있다는 것은 중요한 일이다. 몸의 병이 정신적인 데에 원인이 있는 경우도 있기에 심신상관 장애를 가진 환자가 심리 치료 전문가에게 갈 때까지 거의 6년이 걸린다는 것을 염두한다면 그런 폭넓은 지식을 가진 치료자를 찾는 것은 상당히 절박한 문제가 된다.

환자를 치료자가 내린 한 치료법에만 제한 시키는 것은 결국에는 '전능한' 치료자를 소유하려는 환자의 욕망과 갈등을 일으키게 된다. 오늘날에는 환자가 치료자에게 모이는 전폭적인 신뢰를 보내기도 하지만 치료자는 모든 것을 알고 있어야 한다는 환자들의 기대도 만만치 않다. 만약 치료자가 치료자의 전문성의 한계를 인정한다면 환자들은 이를 무능하다고 해석 할 것이다. 환자들과 그들의 배우자 중 상당수는 다음 이야기에 나오는 의사 같은 치료자를 원하는 것 같다.

의사 선생님은 모든 것을 알고 있다

어떤 남자가 중병으로 침대에 누워 있었는데 임종이 가까워 보였다. 부인은 두려움에 휩싸여 의사 선생님을 불렀다. 의사는 환자의 몸을 이리저리 가볍게 두드리다가 30분 넘게 청진기의 소리를 듣고 맥박을 점검했으며 환자의 가슴에 귀를 대기도 하고, 환자가 배를 깔고 눕도록 했으며 그리고 나서는 옆으로, 등으로 눕게 했다. 의사는 환자의 몸통과 다리를 들어 올리기도 하고 눈을 검사하기도 했으며 입 속을 들여다 보기도 했다. 그리고 나서 아주 확신에 찬 목소리로 말했다. "부인, 당신 남편이 죽은 지 이틀이 지났다는 슬픈 소식을 전해야만 할 것 같소." 그 순간 환자는 충격을 받고 고개를 들어 불안에 찬 목소리로 애처로이 말했다. "아니에요, 여러분. 저는 아직도 살아 있어요." 그의 아내는 주먹으로 남편의 머리를 한대 쥐어 박으면서 화를 냈다. "조용히 해요! 의사 선생님은 전문가예요. 선생님께서는 틀림없이 알고 계세요."

(페르시아 우화)

환자는 병에 걸릴 수 있을 뿐만 아니라 건강해질 수 있는 잠재력을 갖고 있다. 치료자는 환자가 갖고 있는 질병과 건강을 다스리는 기능을 잠시 양도 받은 것뿐이다. 치료자는 환자가 질병을 얼마나 쉽게 받아들이는지(수용성)에도 영향을 줄 수 있을 뿐 아니라 건강해질 수 있는 잠재력을 동원할 수도 이를 뿌리내리게 할 수도 있다. 이 과제는 예방 의학과 정신 위생의 주요 목표이다.

우회적인 치료

누사마니 왕이 왕실 주치의인 아비시나가 궁중연회에 참석했을 때의 일이다. 한 궁녀가 큰 과일 접시 하나를 내왔다. 궁녀가 아비시나에게 과일 한 조각을 건네 주려고 몸을 구부렸다가 허리를 다시 펼 수 없어서 그 고통으로 비명을 질렀다. 그녀는 허리를 다친 것이었다. 왕은 근엄한 표정으로 아비시나를 바라보더니, 그 궁녀를 도울 것을 명했다. 아비시나는 속으로는 겁에 질렸기에 잠시 생각을 해보았다. 그는 모든 약을 집에 놔두고 와서 약을 궁중에서 새로 찾아내야만 했던 것이었다. 아비시나는 약이 지금 없다는 것을 염두하고는 궁녀의 웃옷을 잡았다. 그녀는 어이없어 하며 뒤로 물러 났으나 더욱더 심해진 통증 때문에 날카로운 소리로 비명을 질렀다. 왕은 아비시나의 경솔한 행동에 격노했다. 그렇지만 왕이 한마디 말이라도 꺼내기 전에, 아비시나는 재빠르게 치마를 잡고 속옷을 잡아 내리려고 했다. 궁녀는 곤혹스러워 하면서 얼굴을 붉히고 밖으로 뛰어나감으로써 자신을 지켰다. 마

치 기적처럼, 통증이 사라진 것이었다. 궁녀는 아무런 통증을 일으키지 않고도 쉽게 허리를 펼 수 있었던 것이다. 만족스러워하면서 아비시나는 손을 비볐다. 그리고는 말하기를 "아주 좋았어. 내게 도움을 더 받을 수도 있었었는데……"

늙은 의사인 아비시나의 방법은 이론적으로나 기술적으로 좀 조잡스럽긴 하지만 재치가 가끔 들어 있는 것 같다. 이 이야기의 유머러스한 면을 빼고 보면 아비시나의 행동은 자못 교훈적이다. 의사는 요통 환자가 느끼는 불편함은 예상되는 고통에 대한 공포 때문에 환자가 취하는, 균형이 깨진 자세 때문에 커졌다는 것을 알고 있었다고 가정해보자. 이 경우에는 카이로프랙틱(척추교정 요법)이나 마사지로 고통을 감소시킬 수도 있다. 상황이 좀 긴박하기도 했지만 의사는 왕에게 당장 기술을 증명할 것을 명령 받은 기술자이기도 했으므로 다른 방법을 쓴 것이다. 의사는 성적인 터부나 다른 사람들 앞에서 노출되는 것을 두려워하는 정숙함에 대한 집착이 움직일 수도 없게 하는 심한 고통에 대한 공포보다 강할 것이라고 짐작한 것 같다. 계산은 정확했다. 이렇게 행동에 영향을 미치는 심리사회적 기준을 쓰는 방식은 사회적 심신 상관 치료법의 한 예이다.

의사의 지혜

왕이 최고의 시중 중 한 명과 함께 배를 타고 있었다. 전에 여행을 한번도 못해본 이 시종은(사실상 산골 소년으로 자랐기에 심지어는 바다조차도 결코 본적이 없었다) 배의 빈 갑판에 앉아서 울면서 비명을 지르고, 또 와들와들 떨다가 울부짖었다. 모든 사람이 이 시종에게 친절을 보여서 공포심을 잠재 울려고 노력했으나 그 친절은 공포에 가득찬 어린 시종의 마음이 아닌 귓가에만 맴돌 뿐이었다. 왕은 더 이상 시종의 비명을 듣고 견딜 수가 없었다. 푸른 하늘 아래, 푸른 물결 위를 가로 지르는 여행이 더 이상 기쁨이 되지 않았다. 그 때 현명한 의사가 왕에게 다가와 여쭈었다. "전하, 당신의 허락 하에 제가 시종을 진정시키겠습니다." 왕은 1초도 더 지체하지 않고 허락을 내렸다. 의사는 선원들에게 배 밖으로 시종을 내던지라고 명령했다. 선원들은 이 우는 아이를 기꺼이 던져 버렸다. 어린 시종은 물 속에서 허우적거리면서 뭐든지 붙잡으려고 하다가 드디어 배의 측면을 와락 붙잡고는 사람들에게 다시 배를 태워 달라고 애원했다. 그래서 선원들이 그의 머리카락을 잡고 끌어 올렸다. 그때부터 시종은 구석에 매우 조용하게 앉아 있었다. 어느 누구도 그의 입에서 공포로 가득찬 말을 한 마디도 들을 수 없었다. 왕은 경탄해 하면서 의사에게 물었다. "어떤 지혜가 이 일에 깃들어 있소?

의사가 대답했다. "시종은 전에는 바다의 짠 맛을 보지 못했습니다.

그리고 얼마나 큰 위험이 물 속에 있는 지도 몰랐습니다. 그러므로 그는 발 밑에 두껍고 튼튼한 판자가 받치고 있다는 것이 얼마나 좋은 지를 모를 수 밖에 없었습니다. 위험에 부딪쳐 본 사람만이 마음의 평화라는 가치를 알 수 있습니다. 항상 먹을 것을 충분히 소유하고 계시는 왕께서는 거친 빵의 맛을 모르십니다. 왕께서는 아름답다고 여기시지 않는 소녀는 제게는 임이 됩니다. 옆에 임을 두고 있는 사람과 임이 도착하기를 학수고대하는 사람 간에는 차이가 있는 것입니다.

(사디의 이야기)

비록 체계적이지는 않지만 고대 중동의 이야기 속에 있는 심신상관의학 지식은 현대 정신 의학의 전조일 뿐 만 아니라 최근에 이루어진 과학적인 체계와 형태가 갖추어진 치료절차의 시작을 보여준다. 오늘날 불안 치료에 쓰이는 절차 중의 하나는 행동 수정이다. 행동수정은 행동은 학습된 것이며 따라서 치료상황에서 탈학습될 수 있다는 개념에 기초한 것이다.

학습과 탈학습을 맞바꾸는 것은 우리 일상 생활에서도 일어나는 일이다. 확실히 사람들은 불안을 일으키는 상황을 피하는 일을 하는데 예상외로 그런 행동은 불안을 대단히 증가시키곤 한다. 행동수정에서 신경증적인 모순은 체계적인 탈감각화를 이용해서 서서히 중단시킨다. 행동 수정의 목표는 어떤 상황 또는 물체가 항상 부정적인 경험을 동반할 필요가 없다는 것을 인식하는 것이다. 고대의 불안 치료법의 예는 의사의 지혜라는 이야기 속에도 있다. 그 시대에는 불안 문제가 의사의 치료 대상에만 속한 문제가 아니라 주로 인간의 본질을 다루는 철학적인 문제였다. 불안은 인간이 미지의 것과 관계 맺는 것에 대한 반응으로 여겼다. 중동의 철학자들은 주요 불안이라고 명명한 불안을 3가지로 분류했다.

1) 과거에 대한 공포이다. 즉 자신이나 타인이 저지른 부정의에 대한 것인데 이를 치료하기 위해서는 용서와 관용이 필요하다.
2) 현재에 대한 불안인데 이것은 외로움으로 나타난다. 이는 사회에서 떠나 금욕 생활을 함으로써 없어질 수 있다.
3) 미래에 대한 공포이다. 이는 목표의 상실과 무의미로 나타난다. 구제책으로 기도가 권장된다.

오늘날의 심리 치료에서도 역시 이 세가지 주요 불안이 존재한다. 과거와 현재에 대한 공포는 역사적으로 경험되는 불안으로 보고 미래에 대한 공포는 존재론적인 공포로 본다.

불안을 체계화시킨 것이나 거기에서 교훈을 끌어내는 것은 중동의 종교문화의 배경 안에서 이해될 수 있으며 이는 현실적으로 관찰 가능한 인간의 성격 특징이라고 하기 보다는 그 문화적 배경에 기원을 더 두고 있다. 용서는 본질적으로 가장 고귀한 감수성을 지니기 위해서 필요한 도덕적인 필요 조건이다. 일반적으로는 용서가 단순히 자기부인(自己不認)으로만 향하지 않는다면 어느 정도의 통찰력이 생길 것으로 예상된다. 이것이 바로 하피스가 다음과 같이 말한 이유이다. "만약 모든 사람이 다른 사람의 모든 것을 알았다면 모든 사람을 쉽게, 즐거이 용서 했을 것이다."

외로움의 구제책으로서의 금욕 생활은 마치 죽음이 두려워서 자살을 하는 것과 같은 모순이 있으나 이 생각 속에 내재된 개념은 자발적으로 금욕 생활을 하는 사람은 그의 환경이나 종교가 인정하는 가치를 발견하고 외로움이라는 공포를 쉽게 던져버릴 수 있을 수 있다는 것이다. 금욕 생활은 다른 사람이 느끼는 외로움의 공포에 저항하는 탈출구 같은 반응을 뜻하기도 한다. 미래에 대한 공포의 치유책으로서의 기도와 명상은 수 세게 동안 권장되어 왔다. 기도와 명상은 신뢰와 희망의 전달자로 여겨졌다. 그러나 만약 기도가 미래에 대해 능동적인 조치를 취하는 것을 방해한다면 이는 문제가 될 것이다.

칼리프의 치료

왕이 중병에 걸렸다. 왕을 치료하고자 하는 모든 시도는 헛수고였기에 결국 가장 유명하고 훌륭한 내과의사인 라시를 협진에 초청하였다. 처음에 라시는 전통적인 치료법을 모두 써보았지만 성공하지 못했다. 마침내 라시는 왕에게 자신이 생각하는 최상의 치료법을 쓸 수 있게 해달라고 허락을 구했다. 절망의 구렁텅이에 빠져 있었던 왕은 이에 동의했다. 라시는 왕에게 자기 마음대로 쓸 수 있는 말 두 마리를 달라고 청했다. 왕은 라시에게 가장 빠르고, 가장 좋은 아라비아 명마를 두 마리 보냈다. 다음날 아침 일찍 왕은 부카라에 있는 유명한 온천에 모셔졌다. 왕이 움직일 수 없었기에 들것에 실려갔었다. 온천에서 라시는 왕의 옷을 모두 벗기도록 하고 왕의 시종들을 모두 온천에서 가능하면 가장 멀리 가 있도록 명했다. 시종들은 망설였으나 왕이 그들에게 의사가 명한 대로 해야만 한다고 강조했기 때문에 결국 물러 났다.

라시는 온천 입구에서 말들을 매어 두었다. 그는 제자 한 명과 힘을 합해 왕을 욕조에 누이고 재빨리 왕의 몸 위에 뜨거운 물을 부었다. 동시에 병자의 체온을 올려주는 매운 시럽을 왕에게 먹였다. 이 일들을 행하고 나서 라시와 제자는 옷을 제대로 챙겨 입었다. 갑자기 라시는 왕 앞에 똑바로 서더니 갑자기 욕을 하기 시작했고 가장 잔인한 말로 왕을 모욕했다. 왕은 당장 충격을 받았고 라시의 무례함과 정당화 될 수 없는 모욕에 극도로 분노에 떨었다. 왜냐하면 특히 왕이 완전히 무력한 상태였기 때문이다. 왕은 격노하면서 몸을 움직이기 시작했고 이를 본 라시는 칼을 꺼내 들고 왕에게 다가가 죽여 버리겠다고 협박했다. 겁이 난 왕은 자신의 목숨을 부지하려고 하다가 돌연히 공포심이 구름처럼 일어나 마침내 도망갈 힘이 생겼다. 바로 이때 라시는 재빠르게 그 자리를 떠나서 제자와 함께 말을 타고 온천에서 도망쳤다.

왕은 극도로 기력이 소모되었기에 정신을 잃고 곧 쓰러졌다. 그렇지만 다시 정신을 차렸을 때에는 몸이 좀 더 가볍게 느껴졌고 움직일 수도 있었다. 여전히 화가 잔뜩 난 왕은 시종들을 불러서 옷을 입고 직접 말 타고 궁중으로 되돌아 왔다. 궁전에 모였던 사람들은 왕의 병이 다 나은 것을 보자 기뻐했다.

1주일 후 의사의 편지가 왕에게 전달 되었다. 편지에는 이런 설명이 들어 있었다. "저는 의사로서 배운 것은 모두 다 써보았습니다만 전혀 차도가 없었기에 제가 인위적으로 전하의 체온을 올렸고 전화의 화를 북돋아서 전하가 사지를 움직일 힘을 회복하게 된 것입니다. 그리고 치유가 시작되었다는 것을 보자 마자 전하의 처벌을 피하기 위해 온천을 떠났습니다. 저는 전하께서 저를 궁중으로 불러들이시지 말 것을 청하

옵나이다. 왜냐면 저는 전하가 무기력한 상황에 처해 있었을 때 제가 전하께 부당하고도 저속한 모욕을 가했다는 사실을 깊이 인식하고 있기 때문입니다. 저는 마음 속 깊이 이를 부끄러워하고 있습니다." 왕이 편지를 다 읽자 감사하는 마음으로 가득 찼다. 그래서 왕은 의사에게 궁전으로 와서 자신이 감사를 표시할 수 있도록 해달라고 부탁했다.

감정을 이끌어 내는 것은 의학에서 쓰이는 아주 오래된 방법이다. 유명한 페르시아의 의사이자 '심리 치료'란 말을 처음으로 쓴 사람으로 알려진 라시(A.D. 850-923)도 감정을 자극하는 방법을 썼다.

그의 치료법은 전혀 카타르시스적이 아니었다. 현재 어딘가에 막힌 감정을 푸는 것이 아니고 감정의 응어리는 처음에 모욕과 협박으로 일깨워서 치료의 추진력으로 쓰여졌다. 라시는 치료를 위해 필요한 예비 조건을 잘 관리했다. 칼리프는 벌거벗고 무력한 상태로 의사에게 넘겨져야만 했는데 그런 방법을 쓰지 않았다면 분명히 치료가 실패했을 것이다. 또 만약 시종들이 도움을 청하는 왕의 외침을 듣자마자 너무 서둘러서 강제적으로 치료과정을 방해했다면 왕은 치료를 가져올 수 있는 흥분된 상태를 경험하지 못했을 것이다. 또 라시가 자기 목숨이 위험해질 것을 두려워 했었을 것이다.

이 이야기가 오래되었을지 모르겠으나 현대 심리 치료의 문제를 잘 표현하고 있다. 우리의 환자들은 칼리프처럼 가족, 친구, 동료들에게 둘러 싸여 있는데 그들은 치료 과정이 환자를 위기 상황으로 몰고 가거나 자신의 뜻과 맞지않으면 방해하는 것을 전혀 꺼림직하게 생각하지 않는 경향이 있다.

올바른 진료

위대한 왕인 카림칸이 중병으로 드러눕자 의사들은 모두 왕의 분노를 두려워했다. 마침내 한 시종이 달콤한 설득과 무시무시한 협박을 모두 동원해서 겁에 질린 어느 의사를 카림칸 병상에 나타나게 했다. 카림칸은 의사에게 우렁찬 목소리로 고함치면서 말했다. "그대는 어디서나 훌륭한 의사로 알려져 있다. 네 기술을 보여라. 그렇지만 그대가 누구 면전에 있는 지를 잊지 말아라." 의사는 조심스럽게 왕을 진찰했다. "여기에는 단 한가지 방법만 도움이 될 것입니다. 관장에 필요한 도구를 준비해 주십시요.", "뭐라고? 관장이라고?" 왕이 소리 쳤다. "누가 관장을 받아야만 하는가?" 왕의 무시무시한 눈빛은 의사를 사시나무 떨 듯 떨게 했다. "왕이시여, 제가 관장을 할 겁니다." 왕은 의사가 관장을 하도록 허락했고 그 때부터 왕의 상태가 호전 되었다. 그래서 왕이 병이 들 때마다, 의사를 불러서 의사가 자기 앞에서 관장을 할 수 있도록 하였다고 한다.

의사는 저녁부터 다음날 아침까지 병자의 침대 밑에 앉아서 내내 울었다. 다음날 아침 의사는 죽었으나 환자는 계속 살아 있었다.

(사디의 이야기)

고대 중동의 의사들은 손쉬운 생활을 하지 못했다. 보통 완치시켜야 보수를 받을 수 있었다. 치료상의 실수는 보복을 받기 쉬웠고 거기에다가 치료하면서 사람들의 모든 문제에 직면해야만 했다. 통치자의 신하로서 심지어는 가장 뛰어난 의사인 아비시나나 라시 같은 사람들조차도 왕의 채찍을 맞기 쉬웠다. 즉 의사는 환자의 목숨에 대해 걱정해야 하는 것과 함께 자신의 목숨에 대해서도 염려해야만 했다.

A를 말한 사람은 B도 말해야 한다

어느 수업시간에 선생님이 한 소년으로 인해 곤란을 겪고 있었다. "에이 라고 따라 하세요" 소년은 고개를 빳빳하게 들더니 입술을 굳게 다문 채로 좌우로 고개를 저었다. 선생님은 인내심을 발휘해서 다시 한번 시도를 했다. "너는 참 착한 아이니까 제발 따라 해 보아라. 너를 다치게 하지는 않을 거다." 그래도 소년은 공허한 눈길로 쳐다볼 뿐이었다. 드디어 선생님이 소리를 질렀다. "에이라고 따라 해" 그렇지만 소년은 신음 소리만 낼 뿐이었다. 상황이 여기에 이르자, 선생님은 아버지를 학교로 불렀다. 두 사람이 함께 소년에게 A를 읽어 보라고 애원했다. 마침내 소년이 손을 든 것 같았다. 그런데 놀랍게도 소년은 아주 또렷하고 아름다운 목소리로 A를 정확하게 발음 하는 것이었다. 선생님은 이 교육학 적인 성과에 놀라서 큰소리로 외쳤다. "이 얼마나 멋진 일인가! 자, B라고 따라 해 보아라" 그런데 소년은 격렬하게 반항하면서 주먹으로 책상을 내리 쳤다. 그러면서 말하기를 "지금으로 충분해요. 제가 A를 말하게 되면 어떤 일이 일어날 지 이미 알고 있단 말이에요. 선생님께서는 B를 말하기를 원하시겠죠. 그리고 나면 저는 모든 글자를

읽어야만 할 것이고 그런 다음엔 읽고, 쓰고, 산수도 해야만 되죠? 저는 처음부터 제가 왜 A를 말하고 싶지 않은지를 알고 있었어요."

소년은 자기가 원하는 것을 알고 있었고 자기 행동의 결과를 예상할 수 있기 때문에 어른보다 유리한 입장에 있다고 할 수 있다. 그러나 이 이야기에서 머리로 행동의 결과를 아는 능력이 별로 쓸모없음이 증명되어 버렸다. 만약 술을 마신다면 즐거움은 접어 두고라도 내게 어떤 결과를 초래할 것인가? 만약 아내를 속이고 정부와 놀아 난다면 어떤 결과를 낳을 것인가? 만약 내가 과식을 한다면 어떻게 될까? 만약 특정 정치적, 종교적 신념을 선택한다면 어떤 일이 생길까?

의학이란 것은 A를 말하면 그 결과를 받아들여야 하는 과제에 직면해야 하는 학문이다. 의사들은 새로운 이론을 받아들일 때에는 그 같은 선택을 한다. 특정 질병을 선천적인 것으로 여길 때에는 학습된 것으로 여길 때와는 결과가 다르다. 예를 들어 정신 분열증과 우울증이 호르몬 분비 문제로 생겼다고 여기면 가장 적절한 치료법은 약물 치료가 될 것이다. 그렇지만 이런 병들이 주로 사회 심리적인 원인에 의해서만 걸릴 수 있다고 추정한다면 선택하는 첫번째 치료법은 심리 치료나 환경 치료, 또는 가족 치료가 될 것이다.

의학에서는 진단과 치료의 관계가 비교적 직접적인 반면에 정신 의학, 심신 상관의학 심리 치료에서는 기초적인 결정을 내려야만 한다. 이런 종류의 결정들은 과학적으로 충분히 검증되지 않았으므로 치료법에 대한 신념과 확신의 정도에 따라 논쟁의 여지가 있는 것이다.

행복한 사람의 내복

어느 칼리프가 중병이 들어 비단 이불을 덮고 자리에 누워 있었다. 주치의는 칼리프 곁에 서서 말하기를 칼리프께 치유와 구원을 가져다 줄 수 있는 유일한 길은 행복한 사람이 입은 내복을 머리맡에 두는 것이라고 했다. 많은 사자들이 파견되어 행복한 사람을 찾기 위해 도시와 시골 그리고 오두막집마저 모두 뒤졌다. 그렇지만 만난 사람들은 모두 슬픔과 걱정거리만을 갖고 있을 뿐이었다. 마침내, 모든 희망을 다 접어버린 한 사자가 양떼를 돌보면서 웃고 노래하는 양치기를 만났다. "당신은 행복하십니까?" 사자가 물었다. "저보다도 더 행복한 사람을 상상할 수가 없는데요." 양치기는 웃으면서 대답했다. "그렇다면 저에게 당신의 내복을 주십시오." 사자가 큰소리로 말했다. 그러나 양치기가 대답하기를 "저에게는 내복이 하나도 없는데요." 사자가 만난 유일하게 행복한 사람이 내복을 갖고 있지 않다는 감동적인 이야기는 칼리프에게 생각할 거리를 준 듯 했다. 칼리프는 3일 밤낮으로 아무도 가까이 오지 못하게 했다. 마침내 4일째 되는 날 칼리프는 자신의 비단 이불과 보석들을 백성들에게 나누어 주었고 전설에 따르면 칼리프는 그때부터 계속해서 건강하고 행복했다고 한다.

이 이야기 속의 의사는 행복한 사람의 내복이라는 마술 같은 수단을 쓰기를 원했는데 아이러닉하게도 그 내복은 행복할 능력이 있어야 하는 부자의 내복이 아니었다. 이 이야기는 교훈적이기도 하고 일부러 이야기의 의미를 알기가 애매하게 되어 있기도 하다. 한편으로는 가난한 사람들은 마침내 부자를 무시할 수 있게 된 진짜 부자로 표현하고 있고 다른 한편으로는 가난한 사람들을 위로하는 면도 있다. 즉, 사회적인 불평등에 대해 화를 내지 마시오. 당신은 다른 것으로 축복 받았다는 것을 기억하시오라는 메시지가 들어 있다. 이 이야기에 대한 두 가지 해석은 이야기 속의 의사의 진료 행위가 치료적인 요소와 함께 사상적인 요소를 포함하고 있다는 것을 보여 준다. 여기서는 그런 의사의 행동이 나쁘다던가 반대할 만하다는 것을 뜻하는 것이 아니고 의사들은 철학적, 사상적인 개념들을 잘 알아서 편협해지는 것을 피하는 것이 중요하다는 뜻이다.

부라는 것은 종종 그 나름대로의 삶의 패턴이 있는데 부가 전해 주는 특권이든지, 부가 요구하는 역할 행동이라든지 아니면 부가 만들어 내는 배타성 등이다. 이와 같은 방식으로 한편으로는 열려 있고 상처 받기 쉬운 감정과 다른 한편으로는 부를 돌보아야만 하고 자식처럼 부를 키워야만 한다는 칼빈주의와 유사한 윤리학 사이에서 사람의 성격이 분열된다. 다른 사람에게는 인위적으로 보이는 이 같은 성격의 분열 가운데 적어도 같은 계층의 사람 간에는 검소함이나 성취 동기, 또는 심지어는 서로 친해지려는 욕구가 명확하게 강조된다. 그렇지만 다른 성격의 특징들은 무시되고 축소된다고 할 수 있다.

다음 이야기에서는 가난 속에서 인내하는 것과 덕목으로 바뀔 수도 있는, 가난에 저항하는 것은 등장하지 않고 대신에 물라의 영리함을 보여준다. 물라는 모욕을 받았음에도 불구하고 속물 근성에 젖어 있는 상류 사회에 또 다시 가서 그들의 눈을 뜨게 해준다.

배고픈 카프탄(터키인들이 입는 소매 긴 옷)

평소에 입는 소박한 옷을 걸친 성직자가 어느 상류층 인사가 주최하는 파티에 가게 되었다. 주변의 모든 사람들이 비단과 벨벳으로 만든 아주 아름다운 옷으로 화려하게 치장을 하고 있었다. 사람들은 성직자의 초라한 옷을 보고는 무시하듯이 내려다 보았다. 사람들은 마치 눈앞에 성직자가 없는 것처럼 행동하고 콧방귀를 뀌면서 음식상 위에 놓인 어마어마한 음식에 성직자를 가까이 가지 못하게 했다. 성직자는 집으로 달려 가서 그가 가진 가장 좋은 카프탄으로 갈아 입고 왕보다도 더 고귀해 보이는 모습으로 파티장에 다시 되돌아 갔다. 사람들이 이 성직자로 인해 벌이는 소동은 볼만했다. 모든 사람들은 성직자와 말 한 마디라도 해 볼려고 했고 그의 현명한 말씀을 한두 구절이라도 들어 볼려고 했다. 사람들이 사방에서 성직자에게 가장 맛있는 요리를 권하는 바람에 파티의 음식이 마치 그를 위해서만 준비된 듯 했다. 그렇지만 성직자는 음식을 먹는 대신에 카프탄의 넓은 소매 속에 음식을 집어 넣었다. 사람들은 이에 충격을 받기도 했지만 호기심이 생겨서 이런 질문을 하면서 성직자에게 몰려 들었다. "거기서 무슨 일을 하고 계신가요? 왜 저희들이 당신께 바친 음식들을 드시지 않으신지요?" 성직자는 옷소매에 계속해서 음식을 넣으면서 조용히 말했다. "저는 정직한 사람입니다. 여러분들께서도 정직하시다면 여러분의 호의는 저를 위한 것이 아니고 제 옷을 위한 것 같습니다. 제 옷은 그 지위에 알맞는 음식을 먹을 것 같아서요."

3. 결혼과 성

구경꾼과 코끼리

코끼리 한 마리가 전시를 위해 밤에 어두운 홀로 수송되어 왔다. 사람들이 떼를 지어 몰려 들었는데 홀이 어둡기 때문에 구경꾼들은 코끼리를 분명하게 볼 수가 없었다. 그래서 코끼리를 만져서 코끼리가 어떻게 생겼는지를 알아보려고 했다. 코끼리가 워낙 크기에 사람들은 코끼리의 일부만을 만질 수 있었고 자기가 느낀 대로 코끼리를 설명할 수 밖에 없었다. 다리를 붙잡았던 구경꾼은 코끼리가 묵직한 기둥 같다고 말했다. 코끼리의 어금니를 만졌던 두 번째 사람은 코끼리가 뾰족한 물체라고 말했다. 코끼리의 코를 만졌던 세 번째 사람은 코끼리는 선풍기와 별로 다를 것이 없다고 주장 했다. 코끼리의 등을 만졌던 네 번째 사람은 코끼리는 쇼파처럼 평평하다고 외쳤다.

쉰 정도 되어 보이는 어느 남자가 결혼 문제와 직업상의 스트레스 때문에 치료를 받으러 왔다. 그는 첫 번째 만남부터 벌써 그를 괴롭히고 있는 문제에 대해 이야기하기 시작했다. "저는 고무나 에나멜, 비닐로 된 레인코트 입은 소녀나 여자를 보면 성적으로 아주 자극됩니다. 아내가 반짝이는 검은 옷을 입었을 때에만 그녀를 여성으로 받아 들일 수 있었어요. 아내는 이 모든 것을 잘 따라 하곤 했고 고무나 에나멜 속옷을 영국에다가 주문하곤 했었어요. 그런데 요즘은 아내가 그런 옷을 입기를 주저해요. 그때부터 우리의 결혼 생활이 삐그덕 거리기 시작했습니다."

이 케이스를 다룰 때 이 같은 소망 뒤에 감추어져 있는 성도착증에 대한 치료에 초점을 맞추고 '고무 옷' 문제를 해결 할 수 있는 방법을 환자에게 물어 보고 같이 이야기하는 것이 논리적일 것이다. 그러나 '포지티브 심리치료'에서는 다른 식으로 접근한다. 필자는 아내와의 관계에서는 환자의 성적 소망에 응하려는 아내의 의도 외에는 어떤 것도 환자를 감동시키지 못한다는 것을 발견했다. 이 이유로 인해 환자가 자랄 때, 즉 그의 부모님의 양육의 기반을 이루고 있는 생각들에게 특별히 관심을 갖게 되었다. 환자의 문제를 이해하고 설명하는데 유용할 만한 단서들은 분명히 많은 듯 했다.

"집에서 해야 할 주된 일은 항상 깨끗하고 잘 하는 것이란다." 저희 어머니께서 항상 말씀하시기를 '사람은 그 옷에 따라 대접 받고 그 옷에 따라 정신이 생긴다.' 라고 하셨습니다. 그 말이 저에게 큰 인상을 남겼어요. 지금도 넥타이를 안하고, 면도를 안 하거나 아니면 상황에 맞지않게 옷을 입은 사람들을 받아들이기 어려웠습니다." 그는 '올바른 옷차림' 에 대한 소망을 심지어는 성에까지 연장시켜서 기본적으로 아내의 몸과 마음이 아니라 고무옷 이라는 껍데기에 의해서만 매력을 느낀다는 생각에 아주 얽매여 있었다. 나는 그가 환상에 아주 잘 젖는다는 것을 알아차렸기 때문에 나와 하는 첫 번째 치료 시간에 이미 '구경꾼과 코끼리' 이야기를 들려 주었다.

환자는 오랫동안 이 이야기에 대해 침묵했다. 그러면서 가끔씩 그 이야기에 대해서 생각해 본다고 말을 하곤 했다. 몇 주가 채 지나기 전에 환자는 자기 생각의 결론을 말해 주었다. "내 아내가 반짝이는 검은 옷만을 입는 것을 원하자 아내를 그렇게만 보려는 욕망이 제 마음을 너무나 심하게 속박해서 아내의 성격이 점점 더 배경으로 물러나 희미해졌어요. 저는 아내의 눈과 얼굴을 더 이상 보지 않았어요. 아내는 야한 옷의 옷걸이나 다름없이 되어버렸죠. 구경꾼이 코끼리의 일부만 보고 그들이 기대했던 식으로만 보는 것처럼 저도 아내라는 존재의 전체성을 잃어 버렸습니다."

환자는 어떤 면으로는 자신의 치료 전략을 상세하게 계획했는데 그 전략의 주된 특징은 목표의 확장이었다. 즉 비즈니스 파트너와 거래할 때는 그들이 넥타이를 매고 있는지 아닌지 신경 쓰지 않고 형식을 다 갖춘 예의를 차리는지도 관여하지 않으며 그 대신에 사람들의 전체적인 행동을 보기를 원했다. 또 야한 옷만 보지 않고 아내를 있는 그대로 보기를 원했다. 그리고 나서 환자는 주변 상황이나 아내, 직장 동료, 비즈니스 파트너들을 새롭게 경험하려고 스스로 노력했다. 그에게는 이런 경험이 미지의 땅으로의 탐사 여행이었다. 환자는 계속해서 치료 받으러 왔고 그때마다 새롭게 발견한 것들을 이야기했다. 즉 환자는 이렇게 새롭게 보는 것이 좋았고 어떠한 불이익도 있지 않았다고 했다. 환자는 상사에게 자신의 의견을 이야기를 할 수 있었고 전에는 비즈니스 차원에서만 관계를 맺었던 동료들과 유쾌하고도 격려가 될 만한 대화를 나누게 되었다. 그는 아내의 신체적 특징 중 어떤 것을 발견했고 어떤 특징을 자기가 가장 좋아했으며 최근에 생긴 둘 사이의 공통 관심사가 무엇인지를 내게 말해주었다.

포지티브 심리 치료 과정의 관점에서는 성도착증과 쾌락을 자극하는 유들유들한 고무옷에 대한 고착은 배경으로 쑥 물러가 버렸다. 따라서 문제를 치료하는 길이 열렸던 것이다. 이에 의해 성도착증은 보다 포괄적인 문제라는 빙산의 한 부분이 되어 버렸다.

길 위에서 생긴 이야기

페르시아의 신비주의엔 이런 이야기가 전해 온다. 어느 방랑자가 끝없이 이어질 것만 같이 보이는 먼 길을 걸으면서 무거운 발걸음을 옮기고 있었다. 그 방랑자는 온갖 종류의 짐을 잔뜩 지고 있었다. 등에는 무거운 모래 자루를 이고 있었고 허리 둘레엔 굵은 물 주머니가 축 늘어져 감겨 있었다. 오른손에는 이상하게 생긴 돌을 들고 있었고 왼손 위엔 다 낡은 이정표가 너덜너덜하게 해어진 밧줄에 매달려 흔들거리고 있었다. 먼지 풀풀 나는 모래흙 위로 질질 끌고 가는 녹슨 쇠사슬이 발목에는 걸려 있었다. 머리 위엔 반쯤 썩은 호박을 얹고 균형을 맞추려고 했다. 한 걸음, 한 걸음 내디딜 때마다 쇠사슬이 부딪히는 소리가 났다. 신음 소리를 내면서 한탄하던 방랑자는 고달픈 팔자를 탓하고 기운이 너무 없는 것을 탓하면서 한 걸음, 한 걸음씩 전진했다. 이렇게 가는 길에 어느 농부를 만났다. 때는 작열하는 한낮이었다. 농부가 물었다. "지친 방랑자여, 왜 그대는 둥근 돌로 자신을 짐 지우고 있나요?" 방랑자가 대답했다.

"제가 아주 바보 같았네요. 하지만 저는 미처 몰랐답니다." 방랑자는 이 말과 함께 돌을 멀리 던져 버렸고 훨씬 가벼워 졌음을 느꼈다.

다시 길을 한참 갔을 때 또 다른 농부를 만났는데 농부는 이렇게 물었다. "지친 방랑자여 제게 말씀해 주세요. 왜 머리 위에 반쯤 썩은 호박을 이어서 자신을 괴롭히는지, 그리고 왜 발목에 그 무거운 쇠사슬을 매고 끌고 다니는지?"

방랑자가 이렇게 대답했다. "당신께서 지적해 주시니 저는 대단히 기쁘네요. 저는 제가 스스로에게 하고 있는 것들을 깨닫지 못했거든요." 방랑자는 쇠사슬을 벗어 내고 길 옆 개천에 호박을 던져 박살을 냈습니다. 방랑자는 자신이 가볍다는 것을 다시 한번 더 느꼈습니다. 그렇지만 길을 가면 갈수록 다시 더더욱 고통스럽게 느껴지기 시작했습니다.

밭일을 마치고 오던 또 다른 농부가 놀라워하면서 방랑자를 쳐다 보다가 말했습니다. "선인이시여, 그대는 자루에 모래를 나르고 계시는군요. 그렇지만 당신이 저 멀리 보는 것은 당신이 지금껏 나를 수 있었던 모래보다 더 많은 모래인데요. 그리고 당신은 마치 사막을 건너려고 계획한 사람처럼 큰 물 주머니를 갖고 계시는군요. 당신 옆에는 맑은 시냇물이 그 동안 내내 흐르고 있었는데요." 방랑자는 그 말을 듣자마자 물 주머니를 찢어서 길 위에다 그 찜찜한 물을 부어 버렸다. 그리고 나서 물 주머니에 생긴 구멍을 부대 속의 모래로 막았다. 방랑자는 생각에 잠겨 그 곳에 서 있다가 지는 태양을 바라 보았다. 마지막 햇살이 그를 비추고 있었다. 그는 자기 몸을 내려다 보다가 목 주변에 무거운 이정표가 매달려 있다는 것을 보게 되었다. 갑자기 방랑자는 그 이정표야말로 여태껏 구부리고 걷게 했던 원인임을 깨달았다. 그는 목에서 이정표를 풀러 내고 개천에다가 가능하면 멀리 던져버렸다. 짐으로

부터 자유로워진 방랑자는 초저녁의 시원한 공기 속에서 숙소를 찾기 위해 떠돌아 다녔다.

내게 치료를 받고 있던 쉰 한 살 된 우울증 환자가 *일상생활에서의 심리치료*라는 필자의 책을 읽기 시작했는데 많은 사람들이 이야기하는 것처럼 책의 뒷부분부터 읽기 시작했다. 그러다가 '길 위에서의 이야기'를 읽게 되었다. 그는 그 다음 시간에 와서는 아주 활기찬 모습을 보였다. 환자는 흥분하면서 스스로 짐이라고 생각했던 여러 가지 습관과 인생 경험들에 대해서 말을 꺼냈다. "제가 자랄 때 들은 충고 중 하나는 아끼라는 것이었습니다. 그런데 그 말은 지금까지도 제 귀에 맴돌고 있어요. 저는 아끼려고 노력하다가 결국에는 겉에 '돈이 안 들었음' 이란 딱지가 붙었지만 돈이 너무 많이 들었던 일들을 많이 저질렀습니다. 예를 들면 이런 겁니다. 일터에서 필요한 물건을 찾기 위해 지하실에 들어 갔는데 돈을 절약하기 위해 계단에만 불을 켜놓았습니다. 그래서 반쯤 어두운 지하실을 물건 찾아 헤매었지만 찾고자 하는 것은 찾지 못했어요. 그제서야 불을 켰고 즉시 그 물건을 찾았지요. 너무 아끼려고 하다가 시간을 불필요하게 낭비하고 좌절감만 맛본 거지요. 심지어는 '조심하고 안전을 늘 생각하라' 라는 원칙마저 가끔씩 저에게 짐이 됩니다. 제가 손으로 하는 일은 자신이 있었음에도 불구하고 선반을 다시 짜는 것조차 일이 잘못 될까봐 감히 시도하지 못했습니다. 계속해서 그 일을 미루었는데 그것 또한 저에게 부담이 되었어요. 한참 후에서야 그 일을 시작했고 그 일을 해냈습니다. 그 이후에는 너무나 안

전하기를 바라고 어떤 일을 잘못 할까봐 또는 일을 망칠까봐 두려워하는 것이 방랑자의 머리 위에 놓인 반쯤 썩은 호박과 같다는 느낌을 갖게 되었습니다. 그렇지만 제 스스로 이런 스트레스를 해결할 수 있었던 것이 매우 자랑스럽습니다. 부모님께서는 제가 재정적으로 감당할 수 없을 것이라고 우리 부부가 새 집을 짓는 것에 대해 대단히 화를 내셨습니다. 그리고는 또다시 제게 말씀하셨죠. '안전한 길을 택해라' 고요. 그렇지만 저는 용기를 냈고 제 노동력과 아내의 도움으로 집 짓는 저희 목표를 달성했습니다. 집은 지금 거의 다 지어졌고 약간의 저당금을 제외하고는 빚도 거의 다 갚았습니다. 그렇지만 심지어는 아직도 제 목에 돌과 사슬 같은 짐을 갖고 다니는 것 같습니다. 아직도 일부만 알아차린 짐들인데 길가는 방랑자처럼 던져버리고 싶습니다."

두 아내를 가진 자의 운명

한 세이크(수피의 스승)는 세상에서 운이 좋은 행운아였다. 즉 아내가 둘이었다. 그는 너무나도 행복해서 시장에 가서 두개의 똑 같은 목걸이를 사서는 아내들과 즐거운 시간을 보낸 뒤에 아내들에게 목걸이를 각각 선물했다. 목걸이를 주는 유일한 조건은 다른 부인에게 목걸이를 받았다는 것을 말하지 않겠다고 약속하는 것이었다. 그러나 지상의 모든 기쁨은 문제를 일으키지 않고 지나가는 것이 없는 법이다. 어느 날 부인들은 경쟁심과 질투심으로 흥분되어서 남편을 찾아와서는

다음과 같은 질문을 퍼부었다. "모든 이 중에 가장 훌륭한 분이시여! 당신이 우리 둘 중에 누구를 더 사랑하는 지를 말씀해주십시오."

"사랑하는 이들이여, 나는 당신 둘을 다른 어떤 사랑들보다 더 사랑한다오." 성직자는 부인들을 달래면서 변명하듯이 말했다. 그러자 부인들이 항의하듯이 말했다.

"아닙니다. 우리는 우리 중에 누가 더 당신의 사랑을 받는지를 알고 싶을 따름입니다."

" 나의 연인들이여, 왜 그대들은 불만족을 원하나요? 내 마음 속에는 두 사람 모두를 간직하고 있다오." 그렇지만 부인들은 그 대답에 만족하지 않았다.

"당신은 우리들에게서 도망 못 갑니다. 자, 크게 말해 보세요. 당신 마음속엔 누가 여왕이죠?"

성직자는 더 이상 부인들의 추궁어린 질문에 대답할 수 밖에 없었기에 목소리를 낮추어 속삭이듯이 말했다. "당신들이 정말로 알아야 한다면 내가 진실을 말하겠소. 내가 가장 사랑하는 이는 내가 금목걸이를 준 이요." 두 여인은 모두 의기양양해 하면서 만족해 했다.

어느 마흔 한 살 된 예술원 회원이 심하게 헝클어진 모습으로 흐느끼고 전신을 떨면서 병원에 찾아왔다. 이야기를 꺼내기 시작할 때부터 "저는 더 이상 못살겠어요. 죽고 싶어요."란 말만 계속해서 반복했다. 그러다가 덧붙이기를 "저는 급성 저혈압 증세와 함께 갑작스런 불안 발작으로 고통 받고 있습니다. 이런 증세가 경고도 없이 언제든지 일어나기 때문에 너무 불안합니다. 저의 몸도 힘이 점점 빠지고 있습니다. 운전하다가 빨간 불을 기다려야만 할 때는 당장 극도로 불안해져서 기다리는 것이 정말로 어렵습니다. 저는 가능하면 어떤 것도 기다리려고 하지 않게 되었습니다."

그리고는 환자에게 부정맥이 생겼는데 즉시 검사를 해도 심장이 손상된 증거가 나타나지 않았다. 부정맥은 오후 2시에서 시작해서 환자가 아직까지 병원에 있었을 때인 오후 10시에 자동적으로 멈추었다. 환자는 1주일간의 입원 후에 퇴원했는데 환자의 상태가 눈에 보일 정도로 악화되었다.

"저는 혼자 있는 것을 더 좋아해요. 현관 벨소리, 갑작스런 손님, 나쁜 뉴스 등 갑작스럽게 생기는 일 등에 대해서 너무 놀랍니다. 그래서 사무실을 침실로 만들어야만 했어요(저는 제 소유의 사무실이 있어요). 저는 생각에 곰곰이 잠겨있다가 갑자기 인생의 의미에 대해서 생각하게 되었어요. 저는 더 이상 살 수 없어요. 저는 죽고 싶어요."

오랫동안 나는 이 판에 박힌듯한 말 밖에는 아무것도 듣지 못했다. 그렇지만 환자는 조금씩 자기가 문제가 있는데 빠져나갈 길이 안 보인다고 이야기하기 시작했다. 그의 문제는 다음과 같이 요약할 수 있다. 기혼이자 두 자녀의 아버지이고 직업적으로 상당히 성공한 환자는 다른 여자를 만났는데 이제는 부인과 애인간에 선택을 해야만 했다. 환자는 불행하게도 오랫동안 부인과 자녀들과 잘 지내온 행복한 환경 속에서 살아 왔기 때문에 가족을 버리는 것을 당연하게 만들 만한 변명거리가 하나도 없었다.

환자의 부인은 배우자가 정절을 지키는 것을 중요시하는 사람이었고 배우자가 부정을 저지르는 결혼 생활을 원하지 않았기에 혼외정사 사실을 알고는 남편이 선택할 것을 요구했다. 환자는 여러 가지 이유로 이 문제가 특히 고통스러웠다. 환자는 가족, 부인, 자녀, 친척, 직장, 미래와 결별하면 닥칠 결과를 생각해 보았다. 동시에 자신이 얼마나 여자 친구를 아끼고 있는지 그리고 얼마나 그녀에게 상처 주고 싶어 하지 않는지도 생각해 보았다. 밤이나 낮이나 환자의 머리는 이 문제로 가득 차 있었다. 환자가 이 문제를 생각하지 않을 때일지라도 아내가 들먹거리거나 또는 여자 친구가 그 문제를 환기시켜 주었다. 모든 변명이 앞뒤 안 맞고 머리속에서만 빙빙 돌았다. 환자의 전생애가 내릴 수 없는 결정에 초점이 맞추어졌다. 환자는 도움을 받고 싶은 갈망은 컸지만 '수 주, 수 개월동안 생각해보았는데 소용없었어' 라는 심한 비관론에 사로잡혀 있었다. 환자가 말하길 "합리적으로 보이는 해결 방법을 찾아보았지만 못 찾았습니다. 제 친구들도 자기들이 아는 만큼 제게 충고를 주었지만 제 감정이 그 충고에게 가 있지 않고 저처럼 뒤죽박죽 되어 버렸습니다."

환자는 심한 우울증 증세를 보였고 자살의 가능성도 농후해 보였다. 환자에게 조언을 하거나 해결책을 제시하지 않으면서 끊임없이 생각에 잠겨있는 상태에서 벗어나게 하기 위해서 '두 아내를 가진 자의 운명' 이란 이야기를 들여 주었다.

환자는 고개를 가볍게 끄덕이면서 웃기 시작했다. 그리고 말하기를 "두 아내를 거느리는 것이 멋진 일이라고 자주 생각하곤 했습니다. 잠들기 직전에는 두 여인에 의해 망가지는 것이 어떨지 상상했지요." 우리는 2회에 거쳐 왜 환자가 이런 욕망을 갖게 되었는지,

아내를 선택했을 때의 기준이 어떤 것이었는지, 여자 친구는 어떤 사람인지에 관해 이야기했다. 환자는 아내와 싸울 때에는 다른 여자와 싸우면 상황이 더 나을 것이라고 상상했었고 공상과 백일몽을 하면서 이 생각을 키웠던 사실에 대해서도 이야기했다. 우리는 또한 왜 아내를 떠나거나 애인을 포기하는 결정을 내리기가 그토록 어려운지에 대해서 환자가 발견한 것들도 이야기 나누었다.

우리는 대화하면서 보다 깊은, 정신역동적인 배경과 관련된 내용도 다루었다. 이런 대화는 환자가 자신의 경험을 정리해서 그것을 기초로 독자적인 결정을 내릴 수 있게 해주었다. 환자가 내게 말하기를 평화스런 공존 가능성이 거의 없기에 결국 아내와 가족을 선택하기로 결정했다고 했다.

그렇지만 구체적인 결정을 내리는 것이 치료의 목표라고는 할 수 없다. 이 결정에 이르기까지 사실상 환자는 현실적인 문제와 정절을 지킨다는 것의 특별한 의미에 대해서는 외면했었고 자신의 성격상의 문제를 다루는 데에만 더 신경을 썼었다. 환자가 이런 문제가 있는 사람이었기에 여러 가지 심신상관적인 병이 생겨난 것으로 볼 수 있다.

심리 치료의 현장에서는 가끔씩 결혼과 이성 교제가 윤리 도덕에서 요구하는 것과는 전혀 다른 방식으로 나타난다. 즉 현실은 결혼생활은 이래야 된다는 것, 정절은 지켜야만 한다는 것, 배우자와의 관계가 어떻게 되어야만 한다는 것과는 다른 것처럼 보인다. 현실과 이루어야 할 이상의 차이는 우리가 관계를 파괴하는 문제를 일으키는 배경과 조건을 알면 분명해진다. 이 조건들은 개인의 내적인 세계, 무의식적이고 통제할 수 없었던 과거, 그리고 외적인 현실과 사회, 경제적인 관계에서만 영향을 받아 생긴 것이 아니라 오히려 내적인 세계와 외적인 세계가 밀접하게 상호 영향을 주는 가운데서 싹튼다고 할 수 있다.

니체는 여성의 관점에서 본 비참한 결혼 상태에 대해서 묘사했는데 그가 쓰기를 "결혼에 굴복하거나 거짓말하면서 사느니 결혼 자체를 파괴하는 것이 낫다. 그래서 어떤 여인이 말하길 내가 분명히 결혼을 파괴했습니다. 그러나 결혼이 나를 먼저 파괴했습니다."

더러운 둥지

어느 비둘기가 둥지를 자꾸 바꾸었다. 시간이 흐르면서 둥지에서 점점 심하게 나는 악취를 견딜 수가 없었기 때문이다. 이 비둘기가 늙고 경험이 많으며 현명한 비둘기와 이야기하면서 불평을 늘어 놓았는데, 늙은 비둘기는 고개를 여러 번 끄덕이더니 이렇게 말했다. "둥지를 계속해서 바꿨지만 너 자신은 아무것도 바뀌지 않았군. 너를 괴롭히는 악취는 둥지에서 나는 것이 아니라 네게서 나는 거야."

유명하고 성공한 기자가 담당 의사의 조언으로 나를 찾아 왔다. 그 기자는 매우 날렵해 보고 군살이 없는 근육질의 몸매를 갖고 있는 데다가 환자에게서는 보기 힘든 자신감마저 갖고 있었다. 기자는 재빨리 자기 문제의 핵심을 끄집어냈다. 그는 여섯 번 결혼 했었고 현재의 아내도 또한 수 차례에 거쳐 이혼한 경력이 있었다. 그런데 최근에 전문가의 도움을 받아야만 하는 문제가 생긴 것이다. 기자의 아내는 질투가 너무 심해서 남편을 혼자 내보내려고 하지 않았다. 그래서 환자는 이런 아내의 태도 때문에 갇혀 있는 느낌을 갖게 되었고 사생활과 직업생활에 모두 방해를 받고 있었다. 아내의 질투가 그냥 상상의 소산이라고 인정하기가 어려운 것이 환자가 아내에게 질투를 느낄 만한 원인을 제공하고 있는 상태였다. 환자는 "저는 다시 자유로워지고 싶고 제가 자유롭다고 느끼며 살고 싶습니다"라고 말을 끝맺었다.

우리는 환자의 과거 결혼 생활과 이혼에 대해서 이야기를 나누었는데 환자가 현재의 아내를 위해 이혼한 것처럼 아내는 지금의 남편 때문에 전 남편을 떠났다고 했다. 환자가 이혼한 이유는 아내에 의해 속박되어 있다고 느끼다가 여섯번째 아내가 된 여성의 비교적 개방적인 태도에 매료되었다고 했다. 기자에게는 모든 상황이 분명한 듯했다. 아내들과 문제가 있었고 자신이 그때까지 딱 맞는 여자를 찾지 못했다는 것을 수 차례에 거쳐 자꾸만 인식 해야만 했었던 것이었다(그래서 이혼을 했다). 필자에게는 환자가 치료를 받아야만 한다는 생각이 들었는데 왜냐하면 환자는 무의식적으로 아내와 헤어지려는 심리적인 술수를 지지해주고 응원해줄 그 누군가를 찾고 있었기 때문이다. 그렇지만 계속해서 재발하는 이혼문제를 무시할 입장은 아니었다. 그래서 필자는 환자에게 더러운 새둥지 이야기와 직면하게 했다. 환자는 한동안 아무 말도 하지 않았는데 이는 이야기가 환자 속에서 작동한다는 것을 뜻하는 것이다. 내가 마치 환자가 서 있는 바닥의 양탄자를 잡아당기는 같은 상황이었다. 마침내 그가 말하길, "의사선생님께서 왜 그 이야기를 했는지 짐작이 갑니다. 저는 냄새 나는 새이고 둥지는 제 아내들이라는 거죠. 결혼해서 정착하려는 장소가 어디든 간에 곧 문제에서 악취가 풍겨 나게 되지요. 저는 항상 제 아내들이 잘못되었다고 생각했습니다. 이제는 왜 제가 그 냄새를 피우게 되었는지 알고 싶습니다." 이 질문은 그 후에 계속되는 치료의 주제가 되었다. 환자는 부모님 때문에 겪었던 내적인 갈등에 대해 털어 놓았다. 환자의 아버지는 서커스를 소유하고 있었기 때문에 이곳 저곳 여행을 하는 삶을 살았다. 어머니는 그 여행에 절대로 따라 가시지 않았기 때문에 환자는 아버지의 여자 친구들인 '가짜 어머니' 에게 응석을 부리곤 했다. 장소와 배우자가 자유롭게 바뀌는 서커스의 분위기는 환자에게는 자유롭고 독립된 삶의 상징처럼 보였다. 환자가 설명 하기를 "기자란 직업은 서커스의 삶과 가깝지요. 기자는 자유를 누릴 수 있고 제가 기자이기 때문에 외국인과 외국의 풍습과 문제에 대해서 시간과 에너지를 전념할 수 있습니다."

우리는 환자가 사랑 받기 위해서 그런 식으로 행동했지만 수동적으로 인내해야만 하는, 배우자와의 친밀한 관계를 무서워하고 회피했다는 사실에 대해서 이야기했다. 이 환자의 심리 치료는 환자가 해외에 파견되게 되어서 정기적으로 심리 치료를 받는 것이 불가능했기 때문에 1회로 끝난 개입 치료였다. 이 단기 치료의 구체적인 결과에 대한 전망은 그리 밝지는 않지만 그럼에도 불구하고 더러운 둥지 이야기는 환자에게 계속적으로 영향을 주었다. 수 주 후 환자는 전화를 걸어서 전하기를 우리들의 대화와 더러운 둥지 이야기에 대해서 많이 생각하고 있다고 했다. 관계를 맺는 것에 대한 환자의 문제는 새로운 국면을 맞이한 것이다. 문제를 아내의 결점으로 귀인 시키고 자기 책임은 부인하려는 기자의 경향성은 의사들이 여러 형태로 접하게 되는 '심리적인 저항' 이다. 이것은 투사의 문제인데 투사란 문제가 자기가 아닌 다른 사람에게 있다고 보는 것이다. 투사는 자신의 에고를 보호하려는 목표를 갖고 있고 문제의 심각성을 희석 시킨다.

사람들은 자기 문제에서 도망가려고 한다. 그렇지만 등에 짐을 실은 당나귀처럼 문제를 갖고 돌아다니면서 가는 곳마다, 만나는 사람마다 문제를 발견하게 된다. 빌헬름 부쉬는 이 주제에 대해서 일전에 말하기를 "장소는 근사하고 때는 새로우나 낯익은 악당은 그 곳에 꼭 다시 나타난다."라고 했다. 사람들이 중요한 것과 중요하지 않은 것을 혼동하고 진짜 문제와 비교해서 소소한 것에 지나지 않는 것을 다루는 것을 기뻐하는 상황 하에서는 스스로 자신을 돕는 것은 가끔 불가능한 것 같다. 사디는 이렇게 말했다. "왕은 궁전의 장식과 장식을 재배치하는 일로 항상 바빠서 분수에서 바라보면 궁전이 별로 보기에 좋지도 않고 궁전 벽에는 금이 가 있다는 사실은 간과하고 있도다."

두 친구와 네 여자

두 남자가 다방에서 담배를 피우고 있었다. 그 중 한 남자가 열심히 이야기 하고 있었다. "자네, 두 여자랑 사는 게 얼마나 멋진 줄 아나?" 그는 각종 미사여구를 써서 두개의 꽃이 서로 아주 다른 향기를 낸다는 사실을 경험하는 것이 얼마나 다채롭고 멋진 건지를 격찬했다. 이 말을 듣고 있던 친구의 눈은 점점 휘둥그레졌다. '이 친구는 천국에서 누리는 것과 같은 것을 누리는 모양이야.' 그는 속으로 이렇게 생각했다. 내 친구가 이 세상에서도 확실하게 경험했다면 왜 나라고 두 여인의 달콤함을 맛보지 않을 이유가 있나? 이 일이 있은 직후, 그는 두 번째 부인을 맞았다. 신부는 화를 내면서 신랑을 거부했다. 신부가 말했다. "저 잠 좀 자게 해주세요. 첫 번째 부인에게나 가세요. 전 스페어 타이어가 되고 싶지 않아요. 저를 택하시던지 아니면 첫째 부인을 택하세요." 그는 위안을 받으려고 첫째 부인에게로 갔다. 그렇지만 침대의 부인 옆 자리에 슬쩍 기어 들어 가려고 하자마자 부인이 불만에 가득찬 목소리로 말했다. "저랑 안 되요. 당신이 다른 여자와 결혼을 했다는 것은 제가 당신에게 충분하지 않았다는 이야기에요. 그냥 다른 여자에게로 되돌아 가세요." 그로서는 집을 떠나는 일 외에는 선택의 여지가 없었다. 그래서 잠잘 곳을 찾기 위해 가까운 모스크(이슬람의 종교적인 집회장소)에 가보았다. 그가 기도하는 자세로 잠들려고 노력할 때 등 뒤에서 누군가 헛기침하는 소리를 들었다. 놀라서 뒤돌아 보

았는데 왜냐하면 방금 온 사람이 다름 아닌 두 아내를 가지는 것이 얼마나 멋진 일인지를 떠들어 되었던 바로 그 친한 친구였기 때문이다. 그는 놀라움에 가득 차서 물어 보았다. "왜 자네가 여기에 왔나?", "내 아내들이 나를 가까이 오게 하려 들지 않아서. 벌써 수 주 되었지.", "그렇다면 왜 자넨 내게 두 아내와 사는 것이 얼마나 멋진가를 이야기 한 건가?" 친구는 겸연쩍어 하면서 대답했다. "내가 이 모스크에서 지내기가 너무 외로웠거든. 그래서 내 곁에 친구를 두고 싶었다네."

정신 분석에서는 치료자의 사생활과 환자 치료는 분리되어야 한다고 한다. 거의 모든 환자는 치료자의 사생활을 알고 싶어하고 그와 동일시하려는 어린애 같은 욕구를 보이는데 이 경향성은 가끔씩 풀기 어려운 특별한 문제를 일으킨다.

서른 둘 된 경제학자가 이사를 한 후, 그룹치료에 참석하기 위해 찾아 왔는데 이전에 한동안 개인 치료를 받은 적이 있는 사람이었다. 그룹 활동 중에 어느 여성 환자가 남편의 외도로 얼마나 상처를 받았는지에 대해 이야기 하기 시작했다. 기혼 여성이 대다수인 일부 환자들이 단결할 것을 주장하는 동안 그 경제학자는 이렇게 말하면서 반대 입장을 표명했다. "저도 역시 결혼했고 오랫동안 여자 친구를 갖기를 원했었습니다. 결혼이란 일상적인 생활의 황량함에서 그처럼 멋진 기분전환거리를 갖는 것이 얼마나 환상적일지를 상상했었지요(그룹 전체가 불안해 했다. 대부분의 남자들과 일부 여자들이 웃기 시작했고 여자들은 대부분 불같이 반대했다. 그리고 이 이슈를 제일 먼저 꺼낸 여자 환자는 침묵을 지키었다.). 그룹의 여자들과 경제학자간엔 다음과 같은 대화가 이루어졌다.

그룹 어떤 일들이 그런 식으로 느끼게 했습니까? 부인과 문제가 많았습니까?
경제학자 실제로 괜찮아요. 물론 우린 항상 일상적인 것으로 싸웠습니다. 그렇지 않을 때면 저희는 아주 잘 지냈지요. 그런데 저를 가장 괴롭히는 것은 제 아내가 저를 거의 병적으로 질투한다는 거예요.
그룹 아내를 속이는 것이 전혀 옳지 않다고 생각되는데요.
경제학자 왜 안됩니까? 전에 의사 선생님도 여자 친구가 있었어요. 그건 제게 큰 인상을 남겼지요.

그리고 나서 난혼에 대한 찬성과 반대 토론이 진행되었다. 나는 두 아내를 갖는 멋진 행운에 대한 이야기를 들려 주었다. 무슨 일이 진행되었는지를 해석해주는 대신에 그냥 이야기만 해주었다.

이야기는 그룹치료에서 두 가지 일을 해냈다. 첫째, 참석자들이 침착해졌고 둘째, 모방과 동일시 그리고 결혼 생활에서의 정절을 지키는 것에 대해서 이야기를 하는 자리를 마련해 주었다.

꽃으로서의 결혼

결혼 생활에 지친 사람들이 치료를 받는 경우는 흔한 편이다. 권태로움이 일상 생활 속에 살며시 스며들고 그 느낌은 심지어는 다정함이나 성적 매력, 친밀한 대화를 포함한 거의 모든 것을 날마다 되풀이 되는 틀에 박힌 일로 만들어 버린다. 자주 있는 일이지만 양쪽 배우자들은 그와 같은 상황을 자포자기 하거나 우울해 하면서 체념함으로써 대처한다. 관계에 문제가 있다는 사실을 바탕으로 두 사람이 서로 그렇게 까지는 맞지 않다고 결론을 내리는 것이다. 상대편 배우자에게 할 말이 아무것도 없는 것이다. 즉 배우자가 얼마나 몹시 진솔한 만남을 원하는 가와는 상관없이 스스로 마음에 공허하고 황폐한 것 밖에 느껴지는 것이 없는 것처럼 보이는 것이다.

다음의 대화는 이런 상황에 처한 마흔 네 살 되는 여자 환자와 이루어진 것이다. 그녀는 자신이 창조성과 감수성이 결여되었다는 단점이 있을 뿐만 아니라 결혼 생활에서 생겨난 대화의 부족과 권태기에 대해서도 불평을 늘어 놓았다. 나는 환자에게 만약 장미 같은 아름다운 꽃이 심어진 화분을 갖고 있다면 어떻게 했겠냐고 물어 보았다.

치료자 *그 장미를 어떻게 보살피십니까?*

환자는 이 질문이 그녀의 결혼 생활과 어떻게 연결되었는지 이해하지 못하는 듯이, 그냥 놀라움에 고개를 저었다. "제게 그런 장미가 있다면 저는 정기적으로 물을 줄 겁니다." 환자는 꽃을 사랑하는 사람이었기에 대답할 때 더 많은 생각을 해냈다. "6개월 또는 1년 후엔 화분

을 갈아 주고 새 흙을 넣어 줄 겁니다. 화분을 갈아주기 전에 비료를 다시 한번쯤 줄지도 모르겠네요. 그리고 나서 햇빛을 충분히 받을 수 있는 창가에 화분을 놓을 겁니다." 이 때 나는 환자의 말을 중단시키고 물어 보았다. "그러면 당신은 결혼 생활에 대해서는 어떻게 하고 계십니까?" 이 질문은 이 여자를 눈에 띌 정도로 놀라게 만들었다. 내가 보기에 그 여자는 자신이 꽃에게 집중적으로 베푸는 사랑어린 보살핌과 자신이 결혼 생활을 사랑 없이 대했던 태도 사이의 괴리를 깨닫는 듯했다. 그녀는 이를 염두하면서 이렇게 말했다. "만약 내 결혼 생활이 꽃이었다면, 그 꽃이 시들어서 오래 전에 죽어버렸겠네요." 환자는 꽃의 이미지를 자신의 결혼 생활에 떠올려 보기 시작했다. 그녀는 말하기를 "만약 우리가 매일 서로에게 칭찬을 해주거나 서로 한 일에 대해 최소한 인정만 해주는 식으로 단지 조금만 더 잘 대해 주었더라면 그건 우리 결혼 생활이란 꽃에 물을 주는 것일 겁니다." 한참동안 그녀는 그냥 앉아 있으면서 생각했다. "사실 저는 아주 많은 면을 무시한 것 같아요. 제가 한동안 새 옷이나 새 머리 스타일, 새 화장법에 관심을 두지 않았거든요. 솔직히 말하자면 제 남편을 위해 저를 아름답게 꾸밀 열정이 그냥 없었습니다. 제 남편도 분명히 저랑 같은 입장일 겁니다. 그와 같은 것이 우리 결혼 생활에게는 비료가 되겠군요."

환자는 그 이후의 만남에서도 꽃의 이미지에 대해서 계속해서 말을 꺼냈다. 그녀는 얼마나 자신과 남편이 집안엔 고립되어 있었는지를 말하면서 아마도 휴가가 화분을 바꾸는 것과 같은 것이 될 수 있겠다고 생각했다고 했다. 친구들과 손님들이 화분의 흙과 같이 사회 관계를 맺는 토양이 되어서 고립감을 없애줄 수도 있을 것이다.

이와 같은 대화가 보여주는 것은 환자가 더 이상 결혼 생활이 막연히 불만족스럽다고 느끼지 않고 화분의 은유를 통해서 일반적인 느낌을 개념화 시킬 수 있었다는 점에서 발전이 있었다는 것이다. 이런 점에서 살펴 볼 때 환자의 상황은 더 이상 그렇게 무기력하지 않게 되었다. 이 부부는 이제는 상황을 더 잘 파악했고 관계 회복을 위한 일을 할 수 도 있게 되었다.

절름발이 비교

옛날에 심한 통증에 시달려 죽어가는 것처럼 보이는 구두 수선공이 의사를 찾아 왔다. 의사가 그를 조심스럽게 진찰해 보았으나 그의 병이 낫게 할 만한 처방을 찾을 수 없었다. 환자는 불안해 하면서 물었다. "제 목숨을 살려낼 만한 게 아무 것도 없나요?" 의사는 구두 수선공에게 이렇게 말했다. "유감스럽게도 저는 다른 방법을 모르겠습니다." 이 말을 듣자마자 구두 수선공이 대답했다. "남아있는 방법이 없다면 제게 마지막 소원이 딱 하나 있습니다. 콩 1되와 식초 1리터를 넣어 만든 요리를 먹고 싶습니다."

의사는 체념하면서 어깨를 움추리고 말했다. "그 아이디어가 좋다는 생각은 들지는 않지만 만약 그게 효과가 있을 거라고 생각하신다면 시도해보지요." 그날 밤 내내 의사는 그 남자의 사망 소식을 기다렸다. 그렇지만 다음날 아침 놀랍게도 구두 수선공은 살아서 움직이고 있었다. 의사는 노트에 이렇게 썼다. "오늘, 구두 수선공이 내게 왔는데 내가 해 줄 수 있는 일이 아무것도 없었다. 그렇지만 콩 1되와 식초 1리터가 그를 구했다. 얼마지 않아, 의사는 곧 죽을 듯이 아픈 재봉사를 치료하러 불려갔다. 이번 경우에도 의사로서는 또 다시 어찔할 바를 몰랐다. 의사는 정직한 사람이었기에 이를 재봉사에게 솔직히 말했다. 환자는 의사에게 애원했다. "그렇지만 가능한 다른 치료 방법을 알고 계시지 않습니까?" 의사는 잠시 생각해 보더니 말을 꺼냈다. "아닙니다. 그렇지만 최근에 구두 수선공이 비슷한 병에 걸렸는데 콩 1되와 식

초 1리터를 먹고 나았지요.", "다른 치료 방법이 없다면 저로서는 그 방법을 시도해 보아야죠." 재봉사가 말했다. 재봉사는 식초가 든 콩 요리를 먹고 다음 날 죽었다. 다음 날 의사는 공책에 이렇게 적었다. "어제 어느 재봉사가 내게 왔었는데 그를 위해 해 줄 수 있는 일이 아무것도 없었다. 그는 콩 1되와 식초 1리터를 먹고 나서 죽었다. 구두 수선공에게 좋은 것은 재봉사에게는 좋지 않다."

사람들은 자기가 어떤 일은 다른 사람보다 쉽게 해내고, 흥미를 더 갖고 있고, 자신만의 고유한 능력을 가지고 있음을 스스로 알고 있다. 우리 사회의 많은 일들이-심지어는 자신과 타인을 인식하는 방식마저도-비교에 의해서 정해짐에도 불구하고 우리는 다 똑같지 않다. 모든 사람들이 공통점을 가진 만큼 차이점도 상당히 존재한다.

한 번은 서른 둘 된 어느 여성 기자가 여성을 위한 치료 집단에서 불평을 늘어 놓았다. "저는 성적으로 뭔가 문제가 있어요. 저는 정상이 아니에요. 불감증인 것 같아요."

다른 사람들이 흥미 있어 하면서 열심히 들었다. 그 중 한 명이 거의 자동적으로 물었다. "어떤 것이 그렇게 생각하게 했나요?"

환자: 저는 항상 그런 느낌이 있었어요. 그렇지만 제 친구와 이야기 한 이후에 특히 그렇게 느꼈습니다. 친구는 제게 섹스를 할 때마다 얼마나 엑스타시를 느끼는지를, 그리고 그 순수한 기쁨으로 소리 칠 수 밖에 없었는지를, 또 오르가즘이 친구에게는 최고의 경험이었다는 것을 이야기해 주었어요. 그 친구는 가금씩 집에 도착하

기를 기다릴 수 조차 없었다고 해요. 친구는 하루에 3-4차례나 한다고 말했어요. 친구와 비교하면 저는 그런 대단한 느낌을 맛본 것 같지 않아요.

다른 환자 당신에게는 어떤 것이 오르가즘인데요?

환자 저는 남편하고만 잠자리를 해왔어요. 1 주일에 두 번씩 섹스를 하는데 제게는 즐겁지 않은 것은 아니었어요. 좀 더 솔직히 말하자면 즐거웠어요. 그렇지만 그렇게 최고의 경험을 한 적이 없었어요. 오르가즘 비슷한 느낌을 갖기도 하고 가끔씩 섹스 중에 여러 차례 그런 느낌을 받기도 해요 그렇지만 제가 경험한 것은 친구가 경험하는 순수한 오르가즘과 비교할 수 있다고 믿을 수 없어요.

나는 치료자로서 환자의 말을 설명하려고 노력하지 않았다. 대신 모두에게 '절름발이 비교'라는 이야기를 해주었다. 그 이후로 토론이 아주 활발하게 진행되었다. 한 환자는 자신이 섹스를 전혀 즐기지 않는다고 말했다. 마흔 아홉 살 된 그 여자가 주장하기를 "제 나이쯤 되면 섹스는 더 이상 문제가 안돼요. 제게는 우리 남편과 평화롭게 살고 우리가 서로를 위해 존재한다는 느낌을 갖는 게 더 중요해요."

갑자기 그 자리에 있었던 사람들은 사람들마다 사물을 경험하는 자기만의 방식이 있고 각자는 자기만의 문제와 질문, 그리고 깨달음이 있는다는 점을 분명하게 알게 되었다. 토론이 개성을 주제로 전개되었고 개성과 관련된 경험과 상상의 관계에 대해서 함께 이야기를 나누었다.

철은 언제나 단단한 것이 아니다

환자들과 만나면 특정한 파트너—주로 배우자—와 성 관계를 맺는 것을 저해하는 성적 장애와 관련된 다음과 같은 불평, 불만들을 거의 매번 정기적으로 듣게 된다. "우린 완전히 다른 사람들이에요. 우린 서로 안 맞아요." 이런 생각은 부부 문제와 관련이 많이 되어 있다. 괴테의 "같은 것은 우리를 꼼짝도 않게 하지만 다른 것들은(모순은) 우리를 생산적으로 만든다." 말과 반대로 그런 불평, 불만들은 사람의 마음을 넓게 하기 보다는 편협하게 한다.

"우린 서로 안 맞아요."란 말은 이미 관계가 무너졌다는 점을 명시하고 있고 마음이 넓어지는 것과는 거리가 있는 것이다. 그렇지만 사람들은 한편으로는 수 년간 존재해 왔던 편견과 상대방에 대한 생각에 대해 반론을 제기하고 싶어하고 굳어져 버린 방어기제를 부숴 보려고 노력한다.

그런 개방적인 마음과는 반대되는 저항도 존재한다. "문제는 수 년간 존재했었는데 왜 지금 그 문제들이 없어져야만 되는 지도 이해 안돼. 우리 남편(아내)는 변하지 않을 거야"

필자는 그와 비슷한 생각을 털어 놓는 환자를 다룰 때에는 다음과 같은 이미지를 쓰는데 그 이미지는 환자를 생각하게 만들고 배우자와의 관계를 다시 평가할 수 있게 하는 것 같다.

"이 철 조각을 보세요" 나는 그녀에게 내 책상 위에 놓여 있는 철제 흉상을 보여주면서 말했다. "이 철 조각은 회색에다가 거칠면서 차갑고 모서리는 날카롭습니다. 그렇지만 철에 열을 가하면 이런 성질이 없어집니다. 철 조각은 더 이상 회색이지도, 거칠지도, 차갑지도 않고 모서리가 날카롭지도 않고 희게 빛나는 액체에다가 뜨겁고 특별한 모양도 없게 됩니다. 철이 어느 정도는 불의 성질을 취한 거죠.

환자에게 이 이야기가 의미하는 바는 남편의 '모난 태도'는 바뀌지 않는 개인의 성격이 아니라 상황이나 환자 자신에게 달려 있다는 것이다. 남편이 직업 때문에 아내가 원하는 것보다 훨씬 적은 시간을 아내를 위해 쓸 수 밖에 없을 때 아내는 이에 대해 불평을 늘어 놓고 잠자리를 거부하곤 했다고 한다. 그 결과로 남편은 가끔씩 다른 파트너를 찾았고 금전적인 문제로 아내를 괴롭혔으며 더욱더 자주 아내를 피했던 것이다. 이것을 이미지로 표현하자면 철이 차가워진 것이다. 쇠를 다시 벼릴려면 다시 열을 가해야만 한다. 이것이 바로 치료에서 환자가 힘써야 할 과제이다.

50년 간의 예의

어느 노부부는 오랜 결혼 생활 끝에 금혼식을 맞이해 축하를 하고 있었다. 함께 아침 식사를 들면서 할머니가 생각하기를 "나는 50년간 항상 남편을 위해서 빵의 바삭바삭한 윗 껍질을 주었었지. 오늘은 드디어 나를 위해 이 맛좋은 것을 먹고 싶은데…..” 할머니는 빵 껍질에 버터를 발라서 자신이 먹고 부드러운 빵 속은 할아버지에게 주었다. 예상과는 달리 할아버지는 매우 기뻐하면서 할머니의 손에 키스를 하고는 말했다. “여보, 당신은 방금 오늘의 가장 큰 기쁨을 내게 선사했다오. 나는 50년간 내가 가장 좋아하는 부분인 빵 속을 먹어보지 못했다오. 나는 당신이 그걸 그토록 좋아하기 때문에 당신이 먹어야만 한다고 늘 생각했지.”

우리는 가끔씩 자신을 위해 목표를 세우는 대신에 “저는 항상 남편이 원하는 것에 따라 살았지요”라는 식으로 남들이 우리를 위해 정해준 목표를 이루려고 노력하는 경향이 있다. 즉 우리는 우리가 생각한 배우자의 소망과 의향이 우리를 이끌도록 허용하곤 한다. 따라서 뚜렷한 이유가 없이도 우리 자신의 이니셔티브를 포기하고 자기만의 욕구를 무시하는 것이다. 자기의 욕구와 소망에 대해 침묵을 하는 이런 예의 바름은 오해를 일으키고 부부간에 역할을 분담하는 것을 막는 것 같다. 그래서 시간이 지남에 따라 마음에 짐이 될 수도 있고 자유가 없는 것처럼 보일 수 도 있다.

다음은 마흔 다섯 된, 두 아이의 어머니인 환자의 이야기인데 이 환자는 우울증과 불안 장애, 위와 장의 문제 그리고 순환기 계통의 병으로 치료를 받고 있었다.

“저는 항상, 우리 남편과 아이들, 부모님, 친척들, 아는 사람들, 이웃 등 다른 사람을 배려하는데 익숙한 편이에요. 저는 모든 사람에게 옳은 일을 하기를 원했었지요. 그렇지만 제 자신과의 관계는 완전히 엉망이 되어서 끝장이 났죠. 그것보다 더한 건 제가 결정을 내리는 것을 못한다는 거예요. 저는 언제나 '다른 사람들이 어떻게 말을 할까? 이게 그 사람들에게 괜찮을까? 사람들이 뭐라고 생각할까? 사람들이 만족할까?'를 생각하면서 결정을 내리지요. 만약 제가 결정을 내렸는데 다른 사람들이 이에 동의하자 않는다면 그 결정을 즉시 철회해 버리고 제가 전혀 하고 싶어하지 않는 일을 합니다. 저는 계속 의심과 죄책감에 휩싸여 있어요. 의견이 어긋나는 것은 저를 마주 불안하게 만들거든요. 저는 다른 사람의 의견과 소망에 지나치게 의존하고 있는 것 같아요. 집안일은 거의 풀 수 없는 문제가 되어 버렸어요. 저는 그냥 포기하고 용기를 모두 잃어버려서 불안감과 우울함이란 감정에 손을 들고 말았어요. 그럴 때마다 약을 먹는데 그러다가 만약 막다른 골목에 다다르면 잠에 듭니다. 신체적으로나 감정적으로 다시 회복되면 이 모든 것이 다시 반복됩니다. 만약 컨디션이 너무 악화되면 불안과 우울증 치료제를 먹습니다. 제가 아마 우울증에 걸린 게 아닌가 그리고 이 약들이 없으면 살아 나가지 못하지 않을까 하는 느낌도 천천히 들기 시작했어요. 일이 잘 안 풀릴 때나, 제가 남편이 기뻐하는 일을 하지 않을 때나 남편이 저를 책망할 때면 그 주제를 놓고 이야기하기 보다는 그냥 양보해 버려요. 그래서 "왜 힘들어 하는 거야? 거기엔 중요한 것이 없잖아?"라는 혼잣말을 항상 하곤 합니다. 저는 점점 더 자신감을 잃어버리고 더 이상 제 스스로 뭔가 하려 들지 않게 되었어요. 모든 게 저에게는 똑같은 것 같아요. 제가 또 다시 극단에 다다를 때면 저 자신을 관대하게 봐 줄려고 노력하지 않고 제가 더 이상 일을 못할 때까지 계속 나아가죠. 제 안의 어떤 목소리는 '너는 해야만 해' 라고 속삭이고 또 다른 목소리는 '나는 할 수 없어. 나는 더 이상 원하지 않아' 라고 말을 합니다. 격렬한 싸움이 제 속에서 일어나곤 하지요. 저는 제 문제로 머리가 너무 꽉 차서 다른 것에 대해서 생각할 수 조차 없어요."

"치료 중에 눈에서 장막이 걷어진 것 같았어요. 갑자기 제가 자유로워 질 수 있다는 것을 깨달았어요. 그리고 자유를 성취하는 것이 저한테 달렸다는 것도요. 이제는 제가 지난 세월 동안 어떤 압력 하에 살아 왔는지를 완전히 깨달았어요.

"쉰 두 살 된 어느 여자 환자는 어른이 된 아들과 떨어져 살아야 되었을 때 불안을 심하게 느꼈다. 환자는 나에게 마치 발 밑의 땅이 사라지는 것 같다고 불평을 늘어 놓았다. "가끔 제가 헛 살았다는 생각에 압도됩니다. 제 인생에서 이룬 것이 과연 무엇이며 제 아들에게 저는 정말 무슨 의미인가요? 아들은 이 근처에도 얼굴도 내밀지 않고 있어요." 이쯤 되자 환자의 생각이 명백하게 드러났다. "아들이 이곳에 더 이상 살지 않았을 때부터 제 인생은 무의미해졌어요. 나는 가치 없는 존재에요." 나는 그 생각을 반박하기 위해 환자에게 다음과 같은 우화를 들려 주었다.

씨앗의 비밀

씨앗은 자기 자신을 그 씨앗으로부터 자라날 나무에게 내어 준다. 겉으로 보기에 씨앗은 사라졌지만 희생을 한 씨앗은 나무와 그 가지, 꽃 그리고 열매 속에 구현된 것이다. 만약 그 씨앗의 존재가 나무를 위해 희생하지 않았더라면 어떠한 가지도, 꽃도, 열매도 자라날 수 없었을 것이다.

(압둘 바하)

환자는 이 이야기를 아부 또는 그녀의 삶에 부여된 영예로 받아들였다. 환자는 자신을 포기하고 자신의 흥미거리를 추구하는 것을 포기한 사람이었는데 마침내 아들이 독립된, 행복한 삶을 살 수 있게 하는 데에는 성공한 것이었다. 환자의 성취가 인정을 받는 것은 환자에게 좋은 일이었다. 환자의 성취가 받아 들여진 직후에야 환자는 안심을 하면서 삶의 유일하고도 주된 이유였던 아들에 대한 집착을 단계적으로 포기하는 입장에 서게 되었다. 집착이 사라지는 것이 더 이상 어머니 역할을 부정하는 것이 아니라 새로운 흥미와 목표로 향하게 하는 디딤돌이 된 것이다.

공작이 되고 싶었던 참새

참새는 공작이 되고 싶었다. 큰 새의 거만한 걸음걸이와 높이 쳐든 머리, 공작 꼬리의 움직임에 참새가 얼마나 감동을 받았는지! "나도 역시 공작처럼 되고 싶어" 참새가 말했다. "다른 모든 새의 탄복은 분명히 나한테 향할 거야." 참새는 고개를 위로 쳐들고, 숨을 깊게 들이쉬어서 작은 가슴을 팽창되게 하고 꼬리 깃털을 펼치고 공작이 뛰는 것처럼 우아하게 뛰려고 노력했다. 참새는 앞뒤로 비틀거리면 걸으며 무지무지 자랑스러워 했다. 그렇지만 한동안 이렇게 행동하자 이 특별한 자세에는 노력이 진짜 많이 든다는 것을 알게 되었다. 목은 아프고 발도 쑤셨는데 무엇보다 최악의 것은 잔뜩 깃털을 부풀린 검은 새, 아름다운 깃털을 지닌 카나리아, 멍청한 오리 등 다른 새들이 모두 참새-공작을 보고 비웃는 것이었다. 참새는 혼자 생각해 보았다. '더 이상 이 게임을 하고 싶지 않아. 공작이 되는 것에 싫증이 났어. 나는 다시 참새처럼 행동하고 싶어.' 그렇지만 다시 참새처럼 뛰려고 했으나 그렇게 되지 않았다. 예전처럼 뛰는 대신에 갑자기 펄쩍 뛰고는 더 이상 아무 것도 할 수 없었다. 이게 바로 어떻게 참새가 펄쩍 뛰는 것을 배우게 되었는지에 관한 이야기이다.

사업가의 아내인 마흔 살 된 이란 여인이 유럽 여행 중에 나를 찾아 왔다. 그녀는 이미 이란과 미국에서 진단을 받고 치료까지 한, 우울증과 수면장애 그리고 장문제로 고생하고 있었다. 환자가 말하기를 “저는 일찍 일어납니다만 10시까지 침대에 누워 있어요. 저는 매우 외로워요. 왜 내가 일찍 일어나야만 하는지 항상 스스로에게 묻곤 하죠. 어쨌든 아이들은 집에 없어요. 저는 더 이상 초대에도 응하지 않고 집에 머무르는 것을 더 좋아해요. 아무런 이유도 없이 울고 우는 것을 멈출 수도 없어요. 더 이상 목욕도 안하고 머리도 안 빗어요. 그리고 옷에 대해 신경도 덜 쓰고 있어요. 물론 전에는 전혀 안 그랬죠. 지금은 너무 불안해서 전화벨이 울릴 때면 심장이 거의 멎는 것 같아요. 그리고 즉시 벌떡 일어나서 생각해요. ‘저 전화는 미국에 있는 아들이 건 걸꺼야.’ 남편은 저에게 친절하게 아주 잘해줘요. 그렇지만 왜 남편과는 점점 더 소원해지는지는 잘 모르겠어요. 세 자녀의 어머니인 이 환자는 자기 소원에 따라 막내 아들을 16살에 미국으로 유학 보낸 이래로 이와 같은 증상으로 고통 받았다. 환자는 치료중에 모든 면에서 환자에게 가장 중요한 역할 모델이자 동시에 라이벌이었던 언니 이야기를 자주 꺼내곤 했다. 언니는 외교관과 결혼해서 미국을 포함한 여러 나라를 가 볼 수 있었다. 그래서 환자에게는 여행은 이상적인 생활 양식의 축소판이었다. 그렇지만 환자는 남편 때문에 이란에 묶여 있었다. 그녀 대신에 세 아이들 모두 해외로 나갔다. 장남은 독일에서 공부했고 막내 아들은 미국에서 공부하면서 누이와 함께 비버리 힐즈에서 살고 있었다. 환자가 막내 아들에 대해서 말하기를 “그 애는 다른 아들과 많이 달랐어요. 제가 집에 있는 것을 매우 행복하게 만들었죠.” 환자는 3개월동안은 미국에 있는 아이들을 방문하고 2개월 간은 독일의 아들을 방문 했는데 특히 독일에 사는 아들은 그 기간동안에 어머니를 이 병원에서 저 병원으로 모시고 다니는 운전사 노릇을 했다. 그래서 아들의 연간 휴가를 다 써버렸을 뿐 만 아니라 심지어는 그 중 한 달은 월급이 없는 무급 휴가를 내기도 했다.

이런 식의 어머니와 장남간의 사랑을 이해할 수 없었던 독일인 며느리는 남편과 어머니의 방문 때문에 많이 싸웠다고 했다. 그렇지만 환자는 행복하지 않았다. 미국이나 유럽은 기대에 못 미쳤고 언니를 닮기를 원했던 문제가 환자가 원했던 식으로는 풀리지 않았던 것이다.

환자는 자신의 상황을 정확하게 설명하기는 했지만 병이 신체적인 원인으로 생겼다고 계속 여기고 있었다. 필자는 환자의 문제에서 언니가 주된 역할을 했다고 점점 더 확신 했기 때문에 환자에게 참새-공작 이야기를 해주었다.

환자는 그 이야기를 기분 좋게 받아들이지 않았고 즉시 아들이 대학에서 겪고 있는 문제로 대화의 방향을 돌려서 이야기의 교훈을 피하려고 노력했다. 환자는 다음에 만났을 때에서야 비로소 "그 이야기로 무슨 말을 하고 싶으셨나요?"라고 물었다. 그래서 필자는 "당신은 그 이야기를 어떻게 생각하십니까?"라고 물어 보았다. 환자가 말하기를 "저는 그 이야기가 싫습니다. 저에게 아부하는 그런 이야기가 아니었어요. 저는 제가 공작을 흉내내기를 원하지만 결국에는 고작 깡총거리는 것만 할 수 있는 참새 같다고 느꼈어요. 공작은 언니이고 저는 참새에요. 저는 항상 언니를 부러워하고 흉내 내려고 했어요."

그리고 잠시 후에 말하기를 "저는 매우 친절하고 소중한 남편이 있어요. 경제적으로 우린 매우 잘 사는 편이에요. 언니만큼 부자는 아니지만 많은 것을 살 능력은 돼요. 아주 솔직히 말하자면 미국에 있어 본 뒤에 언니가 정말 만족하면서 살았다고는 확신이 서지 않아요." 환자는 언니를 닮고 언니가 이룬 일들을 성취하려고 노력하면서 자신의 많은 부분을 희생했다는 사실을 점점 더 통찰하는 듯했다. 이 치료는 응급치료적인 성격이 있었기에 3회밖에 지속되지 않았고 또 그랬기 때문에 더 집중적인 치료를 할 수 있었다. 앞으로는 스스로 치료하는 것이 필요하기 때문에 필자는 환자와 함께 더 큰 목표를 갖는 것에 대해 이야기 했다. 언니를 닮으려는 헛된 소망 외에 어떤 목표나 소망이 이 환자에게 있을 것인가? 환자는 다른 어떤 것 보다도 어린이 교육과 사회적으로 소외된 어린이들의 발전과 같은 사회문제에 관심이 있었다. 우리는 현재로서 가능한 여러 가지 옵션들을 체계적으로 이야기해 보았다. 최근까지도 계속되는 서신왕래에서 가끔씩 그녀가 새로 진출한 분야에서의 활동 상황과 성공담에 대해 듣는다. 편지에는 심지어 그런 주제에 대해 남편의 관심까지도 불러 일으킬 수 있었다고 적혀 있었다.

4. 심리 치료에 쓰는 이야기

진리를 위한 용기

무함마드께서 도망을 다니고 계셨을 때의 이야기이다. 모두가 그 분을 찾아내 잡고자 해서 사위인 알리는 무함마드의 목숨을 구할 아이디어를 생각해 내셨다. 알리가 예언자인 무함마드를 큰 광주리에 숨겨서 머리 위에 이고는 성문 양 옆에서 경비하고 있는 보초병들 사이를 걸어서 빠져 나가고 계셨다. 보초병이 날카로운 목소리로 물었다. "광주리에 든 것이 뭐냐?" 알리가 대답했다. "예언자인 무함마드입니다." 이 말을 농담으로 알아들은 보초병들은 배꼽을 잡고 웃으면서 알리와 광주리 안에 든 예언자를 지나가게 해주었다.

믿기 어렵고 일어날 것 같지 않기 때문에 진실로 자신을 방어하는 알리의 기지는 진실이 불리한 결과를 초래할 수 있는 곳에서 아직도 쓰여진다. 이 방법은 계몽의 노력에도 불구하고 아직도 과거의 정신병자 수용소의 이미지로 얼룩져 있는 심리 치료와 정신 의학에도 적용할 수 있다. 많은 사람들이 정신분석가에게 가는 것이 '나의 정신과 의사' 라는 타이틀에서 풍기는 지위의 상징을 포함해서 상류사회의 한 부분으로 여김에도 불구하고 정신 의학과 심리치료 관한 보통 사람들의 생각은 아직도 상당히 시대에 뒤떨어져 있다. 그 결과로 많은 환자들이 정신과 의사에게 가는 것을 비밀로 하려고 노력한다. 사람들은 비정상적이거나 아프거나 또는 문제가 많다고 여겨지는 것을 두려워하기 때문에 겉으로는 아무것도 밝히지 않고 혹시 정신과에 간다는 것이 경력에 손상을 줄까 두려워한다. 이런 문제는 특히 중류 계층에 속한 사람들에게 극명하게 나타난다.

일전에 존경을 많이 받는 판사 한 분이 멋진 파티에 나를 초대했었다. 그 분은 예전에 아들과의 문제 때문에 나에게 도움을 받으러 온 적이 있었다. 다른 손님들은 모두 변호사나 판사 그리고 검사들이었다. 파티는 여러모로 좀 긴장된 분위기였다. 나는 유일한 정신과 의사였다. 내 환자였던 파티 주인은 긴장된 분위기를 조성하고 다녔다. 그가 내 코트를 받을 때 "저는 다른 사람이 이를 어떻게 여길까 궁금합니다."라고 계속해서 중얼거렸다. 아무튼 나는 판사가 다른 동료들이 우리가 의사와 환자로서의 관계가 있다는 것을 알아챌까 봐 두려워하고 있고 거기에 대해서 부정적으로 반응하고 있다는 느낌이 들었다. 그런 점들이 판사를 눈에 띌 정도로 불안하게 만들었다. 나로서는 이 상황이 나의 환자였던 판사가 스스로 풀어야만 하는 숙제로 여겨졌다. 나는 판사가 스스로 만들어 놓은 덫을 어떻게 빠져 나갈지를 보는데 더 관심이 있었다. 판사는 알리의 이야기를 알지는 못했지만 진실을 말할 만큼 충분히 용기를 낸 알리의 전략을 사용했다. 나의 팔짱을 끼고 손님들에게 "저의 정신과 의사인 페제스키안 박사"라고 나를 소개 했다.

그 곳에 있었던 사람들은 즐거워하는 것처럼 보였다. 내가 그곳에서 판사의 정직함과 개방적인 성격에 대해 칭송하자 손님 중 몇 명은 웃기 시작했다. 만약 같은 정보가 공공연한 비밀로서 동료에게 전해졌다면 생기게 되었을 심각성이 사라져 버렸다. 심리 치료에 대한 솔직한 인정이 더 나은 결과를 가져온 것이다. 판사는 변호사와 판사를 위한 자기 발견 그룹에 동참했으며 법의학에서 심리학과 심리 치료 사용의 확대를 지지하는 사람이 되었다. 판사는 알리의 책략을 써서 처음엔 비논리적으로 보였던 정답을 찾아낸 것이다. 논리적으로 본다면 해로운 정보는 감추고 심리 치료 받았다는 것을 계속해서 부인해야 할 것이다. 이 긴장감은 무한히 지속 될 수 있었을 것이었는데 진실을 말하는 용기가 게임의 규칙을 바꿈으로써 문제를 해결할 수 있게 해주었다. 이것이 손님들을 놀라게 했고 웃게 했던 것이다.

감사해야 할 이유

"내가 돈이 좀 필요한데 자네 내게 오백 만원 만 빌려 줄 수 없겠나?" 어떤 남자가 친구에게 이렇게 청했다. "돈은 있지만 자네에게 주지는 않을 걸세. 그것에 대해 감사하도록 하게!" 친구가 말했다. 그러자 남자가 화를 내면서 말했다. "자네가 돈은 있지만 내게 주고 싶지 않다는 것은 차라리 이해가 되네. 그렇지만 돈을 안 빌려주는 것을 감사해야 된다는 것은 이해도 안 될뿐더러 나를 철저히 모욕하는 것이나 다름없네." 친구가 대답했다. "내 친한 벗이여, 그대가 내게 돈을 빌려 달라고 했을 때 나는 '내일 오게' 라고 말할 수도 있었네. 내일이 되면 '미안하지만 아직 자네에게 줄 수가 없을 것 같네, 내일 모래에 다시 오게' 라고 말할 것이네. 내일 모래 자네가 온다면 '이번 주말쯤 오게'

라고 말을 했을 것이라네. 이런 식으로 나는 자네를 말세가 될 때까지 멀리 할 수도 있었네. 아니면 적어도 누군가가 자네에게 돈을 빌려줄 때까지 자네를 멀리 할 수도 있었겠지. 그렇지만 자네는 내게 오는 일에만 아주 전념하고 항상 내 돈을 빌리는 일에만 의지하기 때문에 다른 누군가를 찾을 수 없을 것이네. 그래서 나는 자네에게 아주 솔직하게 돈을 빌려주지 않을 것이라고 말했네. 그러니 자네는 다른 곳에서 돈을 구할 수 있고 거기서 한 재산 크게 모으도록 노력할 수 있게 되었네. 내게 감사해야만 한다네."

마흔 네 살 된 페르시아인 엔지니어가 독일에 유학중인 형의 충고로 나를 찾아 왔다. 이 사람은 6년간 심한 복통으로 고생했는데 그에게는 정신과 의사의 사무실에 앉아 있는 일이 특별히 좋은 일인 것처럼 보이지 않았다. 환자는 자기 문제를 이야기 하지 않고 그 대신에 자기에게는 산통처럼 아픈 복통이 있는데 자신이 국내에서나 해외에서 약으로는 치료하지 못했다는 것을 계속 강조했다. 첫 번째 인터뷰에서 문제의 원인이 될 만한 것들–건강, 직업, 미래, 공상 등에 대해서 이야기를 하기 시작했다. 최근에 환자는 그의 신체 중에 위장을 모든 생활의 중심으로 삼아 왔던 것처럼 보였는데 필자는 환자를 처음 보았을 때부터 이미 그 사실을 알아 차렸다. 만약 이야기의 주제가 환자에게 어떤 식으로든 문제를 떠 올리게 한다던가 즐거운 이야기 거리가 아니라던가 아니면 환자의 감정을 건드리는 것이었다면 환자는 얼굴을 찡그리고 윗배를 움켜 잡았다. 환자의 가장 큰 근심거리는 그의 직업인 것처럼 보였다. 필자는 외모에서부터 이미 그의 문제를 읽을 수 있었다. 환자는 자격증이 있는 엔지니어로서 대학을 졸업한 직후에 보통 '실습 쇼크' 라고 알려져 있는 경험을 하게 되었다. 환자는 그 분야에서 아주 능력이 있었음에도 불구하고 동료들과 잘 어울리지 못했다. 동료들과 말다툼 했던 일들이 문제를 일으키는 것처럼 보이지는 않았고 반대로 환자는 동료들 사이에서 인기가 있었다. 그렇지만 환자의 내면 속에서는 어떤 불안감이 자라나고 있었다. 만약 환자가 임무를 부여 받으면 군소리 없이 했다. 만약 동료를 도와 주어야만 한다면 즉시 도와 주었다. 만약 누군가가 충고를 필요로 하면 그가 항상 대기하고 있었다. 만약 누군가가 비난하면 환자는 단지 웃을 뿐 이었다. 만약 누군가가 그를 무례하게, 부당하게 또는 맘대로 그를 대했다면 환자는 그냥 무시해 버렸다. 환자는 문제를 다른 사람에게 늘어 놓지도 않았고 모욕을 그냥 삼켜 버렸다. 심지어는 가정에서도 화평케 하는 사람이자 문제를 해결하는 사람이었다. 환자가 자신감에 찬, 영원히 베푸는 사람이라는 역할에 감사하는 만큼 환자는 사방에서 쏟아지는 짐들과 걱정거리로 인해 내적으로는 여전히 고통을 받았다.

우리의 대화는 특별히 잘 되는 편은 아니었다. 환자는 자신의 역할에 자신을 너무나 동일시한 나머지 역할로부터 거리를 둘 수가 없었다. 필자가 환자의 생각, 즉 모토에 대해서 말하자마자 환자는 즉시 확신에 찬 목소리로 사디의 말을 인용했다.

만약 누군가가 그대를 슬프게 한다면 슬픔을 견디는 법을 배우라.
포기와 용서를 통해 그대는 죄책감으로부터 자유로워질 것이다.

이 사디의 시 속에는 환자가 고통 당하고 있는 스트레스와 환자의 문제, 마음 속 응어리들 즉, 지나친 예의 바름, 자신의 욕구를 적절히 억압하는 것, 다른 사람에 대해서 사려 깊게 행동하는 것, 정직하게 '아니오' 라고 말하지 못하는 것, 죄책감, 거부에 대한 공포심 등이 잘 드러나 있다. 그 이후의 대화에서도 사디의 시 인용구가 계속해서 인간관계를 맺는 것과 관계된 환자의 모든 문제의 핵으로 등장했다. 생각하는 관점의 변화를 촉진시키기 위해서 기존의 생각의 관점을 확장한 사디의 또 다른 시를 환자에게 보여 주었다.

두 가지가 우리의 영혼을 어둡게 한다.
말해야 할 때의 침묵이요, 침묵해야 할 때의 말이다.

여기에서는 첫 번째 시의 개념을 뛰어 넘어서 예의 바름의 의미가 정직과 타협하는 것까지 넓어진다. 그로부터 1주일 후에 있었던 그 다음 번의 만남에서 환자는 서두에 필자가 자기의 관념과 반대되는 생각을 처방 한 사실에 대해서 스스로 말하기 시작했다. 환자는 어린 시절의 경험에 대해서도 이야기 했는데 환자는 심각한 내적 갈등을 느꼈었던 것 같았다. 환자는 이렇게 표현했다. "전 그런 것들 때문에 고통 받는다는 사실을 알고 있었지만 다른 사람들에게 상처를 줄 수 없었습니다."

여기서 환자는 다시 죄책감 그리고 존경과 우정을 잃어 버리는 것에 대한 공포, 모든 사람들을 올바르게 대하고자 하는 욕구, 그가 짊어진 모든 책임을 다하면서 살 수 없을 것이라는 사실을 부정하고 있다는 것을 드러냈다. 환자가 가야 될 시간이 거의 다 되었을 무렵에, 필자는 감사해야만 하는 이유라는 이야기를 처방해 주었다.

환자는 이 처방을 반발하고 싶어 하면서 여러 차례 말을 하려고 침을 삼켜 보았지만 모두에게 잘 알려진 그 예의 바른 태도를 지키고는 여전히 아무 말도 하지 않았다. 환자의 반응은 연기되어서 그 다음 치료 시간에 나타났다. 환자는 나에 대해 그리고 심리 치료에 대해서 불평하고 소리지르고 책상을 주먹으로 치면서 팔을 마구 휘둘렀다. 전에는 환자에게서 결코 보지 못했던 행동이었다. 마치 둑이 무너지는 것처럼 환자의 공격성과 책망이 나에게 떨어졌다. 그것은 마치 환자가 정직성이 정말로 먹히는 지를 알고 싶어하는 것 같았다.

환자는 이러한 감정 폭발 후에 매우 상냥해졌고 곧 사과를 했다. 환자가 말하기를 감정이 갑자기 그를 압도해서 아무 일도 할 수 없었다고 했다. 그렇지만 환자는 그런 행동이 남에게 거부당하지 않고도 부정적인 감정을 표현할 수 있음을 알게 되어서 기쁘다고 했다. 그가 독일에 체류한 6주 동안 여덟 차례의 만남의 시간을 가진 이후에야 환자의 중심 문제를 다루었다. 이 기간 동안 환자의 증상이 약화되었지만 계속해서 다시 재발했다. 그건 마치 환자가 의식과 경험세계에서 이미 이룬 것을 몸은 천천히 따르는 것 같았다. 환자가 고국에 되돌아간 이후에 온 첫 번째 편지에서 환자가 쓰기를 복통이 완전히 사라졌다고 했다. 환자는 모든 음식을 먹을 수 있게 되었고 직장에서 더 편안하게 느낀다고 했다. 이것은 치유가 계속 잇따르는 성공적인 치료였다.

> 만약 내가 인기 없는 견해를 말한다면
> 내가 아무 것도 말하지 않고 벙어리인 채로 있는 것보다
> 더 나을 것이다.

(페르시아 속담)

예스맨의 복수

옛날 옛적에 어느 현자의 정원에 멋진 공작이 한 마리 살고 있다. 정원사는 공작을 헌신적으로 보살펴주면서 각별한 기쁨을 느꼈다. 욕심과 시기, 질투의 화신인 옆 집의 이웃은 울타리 너머를 계속 넘어다 보았다. 그는 다른 사람이 자기 보다 더 아름다운 공작을 갖고 있다는 사실을 참을 수가 없었다. 옆집 사람은 시기심에 못 이겨 공작을 향해 돌멩이를 몇 개 던졌다. 정원사가 우연히 이 광경을 보고 불같이 화를 냈다. 옆집 사람은 돌을 던져 보아도 마음의 평화가 깃들지 않았기에 잠시 후에 정원사에게 혹시 암컷 공작새끼를 줄 수 없는지를 물어보면서 알랑거렸다. 정원사는 그 부탁을 당연히 일언지하에 거절해 버렸다. 마침내 이 이웃은 공작의 주인인 현자를 만나서 공작 알 하나만 달라고 부탁했다. 옆집 사람은 공작 알을 암탉 둥우리에 넣어서 암탉이 부화시키게 하고 싶었던 것이다. 현자는 정원사에게 공작 둥우리에서 알을 하나 꺼내어 이웃집에게 주라고 명령을 내렸다. 정원사는 주인이 시키는 대로 했다. 얼마 후에 이웃이 와서는 현자에게 불평을 늘어 놓

았다. "알에 뭔가 잘못이 있나 봅니다. 제 닭들이 벌써 수 주째 품었는데도 공작 새끼는 깃털 하나도 안 보이더라고요." 이웃은 이렇게 화를 내고는 집으로 돌아 갔다. 현자는 정원사를 불렀다. "자네가 우리 이웃에게 공작 알을 주었네. 그런데 왜 그 알에서 공작이 부화되어 나오지 않았나?" 정원사가대답했다. "제가 알을 익혔습니다." 현자는 놀라워하며 정원사를 바라보았다. 그러자 정원사는 사과하는 목소리로 말했다. "주인님께서 제게 우리 이웃에게 공작 알을 주어야 한다고 말씀하셨습니다만 그 알을 익혀야 하는지 마는지에 관해서는 말씀을 하신 바가 없으신데요……"

사람들간에 형성된 관계는 인간의 뜻과는 관계없이 어떤 질서 속에서 생겨난다. 사회 구성원들은 넓은 범위에서 볼 때 동등한 역할을 맡고 있거나 아니면 피라미드 같은 계층이 있는 역할을 하고 있다. 사람들은 권위, 복종, 훈육과 같은 개념으로 관계를 국한 시키는 것을 좋아한다.

어떤 권위 관계가 정당화 될 수 있는 지, 그리고 어떻게 정당화 될 수 있는 지에 관한 문제를 푸는 것과 더불어 권위에 대해서 우리가 어떻게 반응할 지를 스스로에게 자문해 보는 것도 중요하다. 무조건적인 복종과 정신 분석에서 아버지에 대한 상징적인 살인으로서 설명되는 권위주의에 저항하여 반감을 품는 것과는 별도로 하더라도 권위에 대한 수만 가지 반응이 가능하다. 권위의 위기의 유형과 강도에 따라 특징이 각각 따로 있다. 문제는 복종 또는 거부라는 두 개의 극 중 어떤 극이 전면에 있느냐이다. 만약 우리가 어떤 사람은 적응하는 쪽으로, 복종하는 반응을 하고 다른 사람은 도전적이고 권위에 반항하는 반응을 한다고만 본다고 하더라도 이런 행동들도 또한 각자의 인생의 문제에 대한 반응일 수도 있다. 어떤 사람의 행동이 불복종하는, 저항적인 면이 지배적일 때엔 그 사람이 신뢰할 수 있는 절대적인 권위에 대한 요구가 있을 때가 많다. 다른 한 편으로는 복종적이고 적응을 잘 하는 사람으로 보이는 많은 사람들은 이상한 방식으로만 가끔 알아차릴 수 있는, 감추어진 권위에 대한 조용한 반항, 강한 내적인 반발을 갖고 있다.

아버지의 가게에서 일하는 스물 한 살 된 상인인 피터는 이런 식으로 그의 문제를 표현했다. "요즘은 계속 저는 점점 더 책임을 질 수 없는 것 같은 느낌이 들어요. 쉽게 피곤해지기 때문에 업무상 다루어야 하는 일에도 문제가 많습니다. 그때마다 나는 내 자신에 대해서 불만족스러워했고 다른 사람에 대해서 공격적으로 행동하는 경향이 있었지요. 아버지는 종종 나를 문책하셨습니다. 겉으로 나는 아버지의 비난을 무관심과 인내어린 침묵으로서 수용했지만 안으로는 부모님에 대한 부정적인 태도를 갖게 되었습니다. 신체적으로 점점 더 잦아지는 두통에 시달렸고요. 저는 거의 대부분의 시간 동안 심한 피로감에 시달렸고 더 이상 어떤 것도 성취하지 못할 것 같은 느낌이 들었습니다. 저는 모든 책략을 써서 약함을 감추려고 했지만 안도감을 느끼지도 못했습니다(첫 번째 만남에 대한 기록 중에서).

부모님에 대한 복종은 환자의 지나친 예의로서 표현되었는데 그것은 아버지의 지배적인 권위의 결과로서 그리고 자신의 의지를 드러내는 것을 금지하는 방법으로 볼 수 있다. 그 집에서는 아들에 대한 아버지의 요구는 절대적으로 권위를 갖고 있었는데 적어도 환자는 그렇게 느끼고, 경험하고 있었다. 환자는 지나치게 과도하더라도 아버지가 위임한 사업상의 업무를 모두 맡았다. 아버지를 속이는 것만이 유일한 탈출구를 마련해 주었다. 환자는 자신이 답할 수 없는 사업상의 편지를 사라지게 만들었고, 중요한 통화 내용을 적은 쪽지를 잃어버렸으며 고객의 주문을 이행하는 것을 태만시했다. 사업상의 결점을 변명하는 유일한 말은 "나는 단지 일에 너무 치어 있어. 이건 내게 너무 많아. 나는 이 일에 적합하지 않아"였다.

이런 환자의 이야기는 실제로 심리 치료보다는 직업 훈련을 더 필요로 하다는 뉘앙스를 풍긴다. 그러나 사실은 환자가 스스로의 치료책을 찾았던 것이다. 분명히 환자는 문제에 대한 도움을 필요로 했으며 직업을 바꾸는 것이 진짜 해결책이 될 거라고는 생각하지도 않았다. 환자는 사실상 그건 현실도피가 될 것이라고 믿고 있었다. 환자는 치료를 시작할 때에는 이런 생각의 고리를 의식하지 않고 있었다. 그때엔 이런 사실들이 마음의 준비 없이는 이해가 안 되었을 것이다. 그래서 필자는 그에게 공작의 달걀과 이웃의 이야기를 들려 주었다. 그 때는 세 번째 만남이 거의 끝날 무렵이었고 편안하고 따뜻한 분위기가 형성되었을 때였다. 그 이야기는 권위에 대한 대응과 어떻게 권위를 다룰 수 있을 것인가에 관한 것이었기 때문에 환자에게 들려준 것이다.

피터는 얼굴을 찡그렸다가 웃으면서 말하기를 "아버지는 제가 받은 편지나 전화를 잘 관리해야 한다고 말씀하셨어요. 그러면 저는 그렇게 하죠. 물론 제 방식대로요. 내가 관여 되는 한 편지나 전화는 이미 끝이에요. 그렇게 해서 저는 또 다시 아버지로부터 벗어날 수 있게 되죠. 그게 바로 이런 일들이 우스운 점이에요. 저는 정말로 제 일을 좋아합니다. 그러나 아버지로부터 명령이나 임무를 부여받게 되면 제가 갇혀 있는 것처럼 느껴집니다. 그래서 저는 제 모토를 '중립'으로 바꾸었어요. 그래서 저는 단 1 센티미터도 안 움직이죠."

의사 "아버님도 또한 당신이 부주의하다는 것의 의미를 깨닫고 계신가요?"

피터 "그렇다고는 생각되진 않습니다. 아버지는 단지 제가 믿을 수 없고 지저분하고 나약하며 게으르고 심지어는 멍청하다고 생각하실 거예요. 그게 바로 아버지가 저를 파악하지 못하신 거죠. 저는 어떤 일이건 그 일이 저를 난처하게 하더라도 일단 예라고 말합니다. 대부분의 경우 아버지께서 생각 없이 저에게 명령을 하시면 화부터 납니다." 우리는 예의와 정직을 중심으로 체계적으로 문제를 다루었다. 예의와 정직의 문제는 복종하라는 아버지의 요구가 환자의 갈등이 되도록 이끌었다. 수동적인 저항의 반대 개념은 적극적인 저항이다.적극적인 저항은 할 수 없는 것을 말하고 왜 못하는지를 설명하는 것이다. 적극적인 반항을 하면 어린애 같은 반항이라는 부적절한 대처에서 발생된 문제가 환자가 보다 더 쉽게 통제할 수 있는 구체적인 영역으로 옮겨진다. 이것은 또한 환자가 아버지의 통제 하에 아버지의 임의대로 일하지 않는다는 느낌을 줄 것이다. 또한 환자는 처벌을 두려워하지 않고 자신의 소망과 요구를 표현할 수 있을 것이다. 동시에 환자는 필자와 함께 이 문제의 기본적인 갈등과 배경이 되는 생활사를 검토해서 환자가 아버지를 대할 때 왜 이런 방어적이고 자학적인 태도를 취하게 되었는지를 이해하게 되었고 정직하고 열린 삶을 지향하는 데 어떤 장애가 있는지 깨닫게 되었다.

좋은 모델

어느 물라(이슬람교 성직자)는 험난한 인생에서 딸을 보호해 주고 싶어 했다. 딸이 아름다운 꽃같이 자라나자, 물라는 딸을 앞에 앉히고는 이 세상의 비열함과 사악함에 대해서 이야기 해주었다. "사랑하는 내 딸아!" 물라가 말했다. "지금 내가 너에게 말 한 것을 기억해라. 모든 남자는 오직 단 한가지만을 원한단다. 남자란 교활한 존재야. 남자는 덫을 놓을 수 있는 곳이라면 어디든지 덫을 놓는단다. 너는 네가 남자들의 욕망의 수렁에 점점 더 깊게 빠져드는 것을 깨닫지 못할 거야. 먼저 남자들은 너의 수려한 용모에 기절할 듯이 놀랜 척을 하고는 너를 흠모하기 시작한단다. 그리고 나서 함께 외출을 하자고 초대를 할 거다. 너희 두 사람이 그의 집을 지나칠 때 코트를 가지고 가고 싶다고 말할 거다. 그는 네게 집에 들어오지 않겠냐고 청하겠지. 2층에서 네게 의자에 앉도록 권하고는 차 한잔을 대접할 거다. 너희들은 음악을 들을 거고 그리고 때가 무르익으

면 갑자기 너를 덮칠 거다. 이런 식으로 네가 더럽혀지고 네 엄마, 아빠, 우리 식구 모두가 더럽혀지는 거야. 우리 식구가 더럽혀지면 우리 식구가 지금까지 누렸던 좋은 평판도 사라지는 거지." 딸은 아버지의 충고를 가슴깊이 새겼다. 한참 시간이 흐른 후에, 딸이 아버지에게 가서는 자랑스럽다는 듯이 미소를 지었다. "아빠!" 딸이 물었다. "아빠는 예언자야? 아빠는 어떻게 모든 일이 일어날지를 아셨어요? 아빠가 말씀하신 바로 그대로였어요. 먼저 그 남자는 제 미모를 찬양했어요. 그리고는 밖으로 외출하자고 청했고요. 마치 우연인 것처럼 그의 집을 지나갔는데 그 불쌍한 자식이 자기 코트를 잊어버리고 왔다고 생각이 난 거예요. 그래서 제가 거리에 혼자 있으면 안되니까 그의 집 안으로 들어오라고 청하더라고요. 예의상 제게 차 한잔을 대접하고는 아름다운 음악으로 분위기를 조성하더라고요. 그때 저는 아버지의 말씀을 상기해보니까 곧 벌어질 일들을 정확히 알겠더라고요. 그렇지만 아빠도 아시다시피 저는 아버지의 딸이잖아요. 그래서 그 순간이 다가온다고 느꼈을 때 저는 그를 덮쳐서 그 사람, 그의 부모, 그의 식구들, 그의 좋은 평판과 명성을 더럽혔지요."

마흔 여덟 살 된 어느 상인이 포지티브 심리 치료에 대한 잡지 기사를 읽고 나를 찾아 왔다. 그의 문제는 기본적으로 위기를 맞은 권위, 세대차, 자존심의 문제, 양심의 가책 등으로 이루어져 있었다. 환자는 자신 때문에 온 것이 아니라 환자를 슬프게 만드는 딸 때문에 왔다고 주장했다. 그의 딸인 수산나는 고등학교를 졸업한 직후 다른 도시로 이사해서 대학을 다니고 있었다. 환자는 딸이 사는 방식을 전혀 찬성할 수 없었고 귀여운 수산나가 낯선 도시에서 지금 무방비로 살고 있다는 것을 아직도 받아 들일 수가 없었다.

환자의 불평, 불만은 항상 같은 주제로 되돌아 갔는데 즉 그가 딸을 위험으로부터 보호하기에 더 나은 위치에 있다는 것이다. "저는 나쁜 경험을 포함해 인생 경험이 많습니다. 오늘날의 젊은 사람들은 너무나 태평스럽고 자유로우며 행동의 결과에 대해서 전혀 생각도 안 합니다. 의사 선생님은 숨어있는 위험이 있는 곳을 아시지요. 만약 내 딸이 내 경험에 따라 사물을 판단할 수 있다면 슬픔과 화로부터 자기 자신과 우리 가족을 구할 수 있을 겁니다. 환자는 치료를 받기 위해 멀리 떨어진 루흐르 지역에서 왔다. 따라서 치료의 노력은 몇 개의 영역에 초점을 맞추어야만 했다. 심지어는 환자의 강박적인 성격도 처음에는 무시해야만 했다. 환자는 스스로를 과잉보호를 해서 모든 위험을 추방시키고 자신의 생각이 의문시 되었을 때 자신에게 되돌아올 위협적인 일들을 모두 피하려고 노력했다. 의심의 여지 없이 환자는 상당한 정도의 성적인 공격의 소망을 갖고 있었지만 심하게 억압했기 때문에 장기간의 치료를 필요로 했다. 그간 이런 문제들이 환자의 의식에 전혀 떠오르지 않았기 때문에 필자는 다른 방법을 써야만 했다. 필자는 딸을 지나치게 걱정해 마음이 무거운 아버지에게 '좋은 모델' 이란 이야기를 들려 주었다.

처음에 환자는 관심을 상당히 보이면서 경청했다. 이야기가 거의 끝나 갈 무렵에는 거의 쇼크를 받은 얼굴을 했고 그 뒤로는 웃기 시작했다. 필자는 환자가 물라와 동일시 했으며 갑작스런 관점의 변화가 이야기의 주인공을 놀라게 한 만큼이나 환자를 놀라게 했다는 느낌을 받았다. 환자는 필자가 질문을 하지 않았는데도 갑자기 자신의 가족 상황에 대해서 말을 하기 시작했고 그가 얼마나 아버지의 권위 하에서 고통을 받았는지를 언급했다. "만약 아버지가 강물이 산 위로 흐른다고 말하면 그땐 강물이 산 위로 흐르는 거야." 바로 이런 식이 아버지의 태도였다. 이야기를 듣고 이야기를 자기 상황에 전이하는 것을 통해 환자가 지닌 과잉 보호적인 태도의 애매함이 분명해졌다. 환자는 자신이 무의식적으로 이루려고 노력하는 세대간의 전수 과제-가족 내에서 권위를 계속 유지하려는 문제, 자신의 소원을 자녀에게 전이하는 문제, 어른이 된 딸에게도 복종을 요구하는 문제, 환자에게는 부모의 의무로부터 해방을 뜻하는 독립을 방지하는 문제-등을 볼 수 있었다.

우리는 이런 문제들을 그 다음 시간에 다루었다. 환자는 마치 자기 발견의 여행을 시작한 것처럼 보였다. 왜냐하면 환자가 전에는 알지 못했던 관련성을 볼 수 있게 될 때마다 아주 놀랐기 때문이다. 이 모든 것이 물론 완전한 치료라고 하기엔 미비하지만 환자는 자신의 문제와 그 문제가 딸과의 관계에 미치는 영향과 친해질 수 있게 되었다. 편지에서 쓰기를 환자는 아직도 그 때 들었던 그 이야기와 이야기의 주제에 대해서 생각을 많이 하고 있으며 자기 자신에 대해서는 보다 더 비판적이 되었다고 했다.

양털로 만든 수염

시장에 있는 원단 가게에서 한 여인이 남편의 외투감으로 쓸 모옷감을 정성껏 시간을 들여서 찾고 있었다. 여인은 무엇보다도 옷감이 순모인지에 관심이 있었을 뿐 다른 것은 염두해 두지 않았다. "이 좋은 원단을 사셔야지요." 상인이 원단의 질을 칭찬하면서 말했다. "부군께서는 이 옷을 입으시면 너무나 느낌이 좋아서 천사들이 부군을 천국으로 데려가고 있는 중이라고 여기실 겁니다." 이 말은 여인의 마음을 흔들어 놓았다. 여인은 단 한가지만 확실했으면 바랬다. "이 원단이 순모라고 맹세하실 수 있으시지요?" 여인이 상인에게 물었다. "물론입니다." 상인이 답했다. "이 옷감이 순모라는 것을 모든 예언자를 걸고 맹세합니다." 이 말과 함께 상인은 옷감에서 손을 떼고 그의 긴 흰 수염을 쓰다듬기 시작했다. "제 수염도 순모입니다."

"저는 남편의 말은 어떤 말도 더 이상 믿지 못합니다. 남편은 자기가 원하는 방식대로 일을 모두 왜곡시켜요." 이것은 페르시아인 의사 남편과 결혼한 어느 마흔 다섯 살 된 독일 여의사의 말이다. 그녀의 불평은 아주 자주 경험하는 일에 대해 이야기하는 것으로 항상 끝났다. 그것은 남편이 주로 고향 친구인 손님들과 함께 집을 나서는 일이 잦은데 보통 기차역 같은 장소에 친구들과 동행하고 몇 시간 동안 같이 있다는 것이다. "남편은 친구들을 배웅 할 때마다 항상 곧 돌아오겠다는 말을 해요." 환자는 이에 대해 아주 씁쓸해

했다. 그녀의 불평은 동양적인 삶의 방식에 대해 시비를 거는 듯했는데 그게 바로 환자가 남편의 문제로 여기는 것이었다. 필자는 그녀에게 양털로 만든 수염 이야기를 주고 읽어 보라고 했다

환자는 이야기를 읽고 나더니 미소를 지었다. "제 남편이 의사임에도 불구하고 쉽게 옷감 상인처럼 말할 수 있군요. 그렇지만 저는 그렇지 않아요. 제가 뭔가를 이야기 할 때에는 그 말은 문자 그대로거든요." 우리는 이런 대화를 하면서 간문화적인 문제를 풀었다. 양털로 만든 수염 이야기는 환자가 남편의 정신 세계를 더 잘 이해하는 것을 도와 주었다.

값비싼 절약

한 남자가 뇌물 수수 혐의로 판사 앞에 서게 되었다. 모든 정황이 이 남자의 유죄를 암시하고 있어서, 남아 있는 일이라고는 판사가 판결을 내리는 일 밖에는 없었다. 환자는 합리적인 사람이었다. 판사는 피고가 벌을 선택할 수 있도록 세 가지 벌을 제시했다. 피고는 100만원을 내거나, 50대의 곤장을 맞거나 아니면 생 양파를 5kg를 먹어야만 했다. "이건 분명히 그렇게 힘들지 않을 거야." 남자는 첫 번째 양파를 씹으면서 생각했다. 그렇지만 정확히 양파를 3/4쯤 먹자 양파만 쳐다만 봐도 혐오감을 느꼈다. 눈에서 눈물이 흘러 두 뺨 위에 흘러내렸다. 그는 소리쳤다. "판사님, 양파는 거두어 두십시오. 차라리 50대 맞겠습니다" 그의 딴에는 교묘하게 돈을 절약할 수 있을 거라고 믿

었던 것이다. 그 남자는 욕심 많기로 악명이 높았었다. 관리들이 그의 옷을 벗겨 의자에 앉혔다. 그렇지만 힘센 관리와 곤장을 보자 그는 떨기 시작했다. 등에 한 대 맞을 때 마다 소리를 더 크게 질러서 10번째 곤장을 맞자 결국 통곡하고 말았다. "위대한 판사님, 저 좀 불쌍히 여겨 주세요. 곤장은 거두어 주십시오."판사는 고개를 저었다. 그러자 돈은 아끼고 싶고 곤장은 피하고 싶었던 이 남자는 세 가지의 모든 벌을 조금씩 맛보는 것을 끝내고자 했다. 그래서 판사에게 간청했다. "제발, 100만원을 내게 해주십시오."

마흔 두 살 된 환자가 치료 도중에 점점 더 방어적이 되었다. 예약을 미루기는 했지만 아프기 때문에 어쨌든 계속 병원에 왔다. 환자의 병은 대부분 불안과 우울이었다. 변별화 검사를 한 결과 필자는 환자가 돈에 대해서는 매우 인색하고 돈이 드는 어떠한 서비스도 받으려 하지 않으며 비용만 많이 들고 생기는 것은 없기 때문에 집에 손님도 안 초대한다는 사실을 알게 되어 충격을 받았다. 환자는 병원에 안 오는 이유를 이렇게 말하곤 했다. "저는 할 게 너무 많아서 병원에 예약한 것을 잊어 버렸습니다."
절약이란 주제가 등장하는 순간 마법이 풀리는 듯 했다. 환자의 말이 쏟아졌다. "저는 이걸 오랫동안 참았어요. 저는 주치의에게 지불하는 것보다 더 많은 돈을 심리 치료에 쓰고 있어요. 저는 8년간 치료를 받아 왔어요. 제게는 그렇게 많은 돈을 심리 치료에 쓸 여력이 없습니다." 환자의 치료의 진전을 위해 중요한 일을 했다. 뭐가 그를 괴롭히는지 말을 한 것이다.

언뜻 보기에는 환자의 이야기가 너무나 확신에 차 있어서 치료를 끝내는 것으로 여겨질 정도였다. 그렇지만 다른 한편으로 돈 문제가 문제의 핵심은 아니었다. 환자는 마음대로 쓸 수 있는 돈을 충분히 갖고 있고 만약 현재 돈이 없더라도 비용을 구할 방법이 있는 사람이었다. 환자의 불평은 자신의 문제를 늘어 놓는 것뿐 만 아니라 심리 치료와 관계된 증상으로 보였다. 환자가 고집하고 있는 절약이란 기준에는 실존적인 불안과 사회적 고립을 초래하는 환자의 근본적인 문제가 드러나 있었다. 이제 필자의 과제는 절약 문제를 건드리는 것에 대한 환자의 저항을 반격하는 것이 되었다. 처음에는 이런 종류의 저항이 대화의 중심 테마였다. 환자는 판에 박힌 방식대로 비판을 계속해 되었고 정신적으로 성장할 준비가 전혀 보이지도 않았다. 또 절약에 대한 생각이 환자를 너무나 사로잡고 있어서 더 이상 스스로 새로운 생각을 할 수 없었다. 환자는 '값비싼 절약'이란 이야기의 도움으로 가까스로 마비 상태에서 빠져 나올 수 있었다. 이 이야기는 일시적인 동일시를 하게 하면서도 이야기의 틀 안에서 자신의 상황에 대해서 생각할 수 있는 충분한 거리를 제공해 주었다. 환자는 한동안 침묵하면서 생각해 보려고 노력을 꽤 하였다. 마침내 그가 말하기를 "그 이야기는 저와 관계가 있다고 생각합니다. 그 동안 제 건강을 회복하기 위해 무엇을 희생했습니까? 온천욕, 약, 건강관련 서적, 그러다가 심리 치료를 받기 시작했는데 의사 선생님께서 저를 이해해 주시고 심리 치료가 저를 도울 수 있다는 것을 느낄 수 있고 그 효과도 확신합니다. 그런데 갑자기 치료 비용을 아끼고 싶다는 생각이 들었습니다. 저의 망할 몸의 절약 정신 때문에 완치 가능성을 부정하곤 했습니다마는 여전히 돈을 내고 있지요." 그 때부터 문제를 일으키는 기준인 '절약' 이란 주제를 건설적으로 다루는 것이 가능해 졌다.

치료 비용에 대한 저항이 있을지도 모르는 것과 마찬가지로 환자가 갑자기 치료 받은 시간이 없다는 식으로 문제가 생길 수도 있다. 이런 저항들은 환자가 심리 치료를 받을 시간이 없다고 여기면서 심리 치료가 다른 일보다 덜 중요하다고 여기는 마음이 밑에 깔려 있다. 의사가 이렇게 단정할 수 도 있겠지만 가끔씩 이런 결론은 의사의 안목이 부족했던 것으로 판명 나기도 한다. 환자의 매일 매일의 스케줄은 환자가 정말 시간이 있는지 없는지를 그리고 왜 다른 일에다 우선 순위를 두는 지에 관한 정보를 제공해 준다. 시간의 부족은 심리 치료 자체에 대한 방어와 환자와 의사의 방어 기제인 '합리화' 인 것이다. 치료가 무의식 속으로 상당히 들어가게 되면 환자는 더 이상 치료를 받으려고 하지 않는 다는 것을 알 수 있다. 심지어는 치료를 중단하려는 동기에는 보통 환자 자신조차 알 수 없는 무의식적인 배경이 있다. 그래서 환자들은 시간의 부족이란 핑계를 방패처럼 갖고 다는 것이다.

심한 심장병과 불안 장애로 고통 받는 어느 환자는 첫 번째 인터뷰 직후에 심리 치료를 받을 시간이 없다고 주장했다. 치료를 연기한다면 병을 더 악화 시키겠지만 그런 말을 해도 환자를 설득할 수 없었다. 그에게는 시간이란 능력을 갖고 있는 것이 치료를 계속 받는 것보다 더 중요했던 것이다.

필자는 환자의 배경 정보에서 환자가 시간이 없다고 함에도 불구하고 증상이 심해질 때만 병을 고치려고 많은 시간을 써야만 했다는 사실을 알게 되었다. 환자는 그럴 때엔 여러 날 동안 침대에 누어 있었다. 환자는 성취 지향적인 사람으로서 '시간이 돈이다' 라는 격언을 좋아했다. 그래서 필자는 그와는 반대되는 "시간이 없는 사람들은 일을 가장 적게 한다"라는 리크텐베르그의 말을 인용했다. 이 치료에서는 이야기 대신 경구를 사용했다. 환자는 즉시 새로운 경구를 써먹었다. 전에는 대화하고자 안 했지만 이제는 성취와 시간이란 능력을 자기 것으로 만들고자 했던 일을 중심으로 자기 문제를 이야기하기 시작했다.

긴 수염의 비밀

어느 날 저녁에 멋진 긴 흰 수염과 박식함으로 잘 알려진 어느 학자가 쉬라즈의 골목길을 따라 걷고 있었다. 생각에 잠겨 있던 학자는 그를 웃음거리로 생각하는 물장수들과 우연히 마주쳤다. 물장수 중에서 가장 담이 큰 자가 마침내 한 발자국 앞으로 나오더니 허리 숙여서 인사하고는 말했다. "위대한 스승이시여, 여기 있는 제 동료들과 제가 내기를 하나 했습니다. 저희에게 말씀해 주십시오. 밤에 주무실 때에는 수염을 어디에다 두십니까? 이불 위에 두십니까 아니면 이불 속에 두십니까?" 깊은 사색에서 막 깨어난 학자는 놀라면서 쳐다보고는 친절하게 대답했다. "나 자신도 잘 모르네. 한번도 생각해 본 적이 없다네. 알아봐 주지. 내일 이맘 때에 나를 여기에서 기다려주게나. 내가 그 때

자네들에게 말해주겠네." 밤이 되어 학자가 침실에 들었을 때 잠이 오지 않는 것이었다. 학자는 이마를 찡그리면서 어디에 수염을 두는 지를 곰곰이 생각해 보았다. '이불 위인가? 이불 속인가?' 아무리 생각해 보아도 답이 나오지 않았다. 마침내 학자는 실험을 해보기로 했다. 수염은 이불 위에 놓고 잠을 청해 보았다. 그렇지만 마음이 불안했다. 이게 진짜 맞는 위치인가? 이게 만일 맞는다면 왜 오래 전에 잠이 들지 않았는가? 이를 생각하면서 학자는 수염을 이불 속에 넣었다. 그렇지만 이것도 별 소용없었다. 잠은 멀리 달아나 버렸다. "이건 될 수가 없겠는데" 이렇게 결론을 내리고는 수염을 다시 이불 위에 올려 놓았다. 학자는 이불 위에 수염을 놓았다가 다시 이불 밑에 수염을 넣어 보면서 밤새 내내 잠을 자지 못했다. 다음 날 저녁, 질문에 대답하느라고 한 순간도 잠이 들지 못한 학자는 젊은 물장수에게 다가갔다.

학자는 말했다. "이보게, 나는 이 영광스런 수염을 기르고도 잠을 잤었고 항상 달콤한 수면을 즐길 수가 있었네. 그렇지만 자네가 질문한 이래로 잠을 더 이상 잘 수 없었네. 자네 질문에 대답하는 것은 불가능하네. 나의 지혜가 뿜어내는 영광과 나의 천수의 상징인 수염이 나에게 낯설어 졌다네. 내가 이 수염을 기르는 것을 다시 편하게 여길지는 나도 잘 모르겠다네."

마흔 한 살 된 기술자가 강박증(강박적인 행동과 생각을 멈출 수 없는 병) 때문에 치료를 받으러 왔다. 환자는 이미 두 번이나 심리치료를 받은 적이 있었다.

"전 더 이상 견딜 수 없어요. 잠을 못 자요... 주위에 뭐라도 바뀌어져 있으면 제가 산산조각 나는 느낌이에요. 모든 물건들이 제가 늘 두었던 장소에 있어야만 해요. 제 스스로 생각하기에도 이상하지만 제 아내가 침대 커버만 바꾸어도 저는 잠을 잘 수가 없어요. 일어나서 쓰던 침대 커버를 다시 씌워야만 해요. 제 아내는 제가 완전히 돌았다고 이미 선언했어요. 저는 분명히 그런 것을 원치 않지만 일이 그렇게 되어가고 있어요."

환자가 회상한 바에 따르면 환자의 아버지는 극도로 정확하고 양심적이며 지저분한 것을 못 참는 성격이었다. 만약 아들의 방이 지저분해져 있으면 아들은 저녁 일곱시라는 이른 시간에 자러 가야만 했었다. 환자는 방에서 아버지에게 어떻게 하면 복수를 할 것인가 하는 상상과 공상에 빠져 있었다. 한번은 환자가 아주 다급해 보였다. 유난히도 병적인 목소리로 말하기를 "전 완전히 돌았어요. 전 더 이상 운전조차 못해요. 지난 주에 우연히 차 시트의 위치를 조정했었는데 지금 그게 어디였었는지를 모르겠어요. 시트를 이리저리 움직여 보았지만 딱 맞아 보이지 않았어요. 제가 차 타면서 그렇게 안전하지 않다고 느껴 본 적이 처음이에요." 환자에게는 강박증의 경험이 의식의 전면에 등장하고 있어서 완전히 그의 의식을 차지해 버렸다. 우리 대화의 1차 목표는 강박증과 어느 정도 거리를 만들어 보는 것이었다. 이것이 왜 필자가 환자에게 '긴 수염의 비밀' 이란 이야기를 말해준 이유이다. 예상치 못했다는 듯이 환자는 웃기 시작했고 즉시 스스로에게 이런 말을 했다. "그 친구는 나와 같은 문제를 갖고 있군요. 현명한 사람이었어도 사는 게 쉽지는 않았네요." 그 다음 시간에 환자가 말하기를 그 학자에 대해서 아주 많이 생각했었다고 했다. 놀랍게도 운전하는 것이 그에게 다시 쉬워졌다. "시트를 약간 앞으로 움직이거나 뒤로 움직이는 것은 수염을 이불 위에 놓는 거나 밑에 놓는 것과 다를 바 없다고 여러 번 생각했어요. 이야기의 도움으로 환자는 자신의 상황과 비교할 만한 그 이야기 속의 장면을 떠올릴 수 있게 되었고 그게 환자에게 분명히 도움이 되었다. 적어도 운전하는데 있어서는 말이다.

말이 그 사람이고 그 사람이 말이다

물라가 토해내는 열정적이고도 젊음이 넘치는 설교를 듣고 나서, 어떤 사람이 물라에게 물었다. "가장 존경하는 분이시여, 연세가 어떻게 되십니까?" 물라는 젊은이를 보고는 말했다. "내가 자네보다 짠밥 수가 더 많네. 내 나이는 비밀이 아니네. 내 나이는 마흔이라네." 20년이 흐른 후, 두 사람은 다시 만나게 되었다. 물라의 머리는 하얗게 세었고 수염은 온통 서리가 내린 듯이 보였다. 그 사람이 다시 물었다. "가장 존경하는 분이시여, 오랫동안 당신을 만나보지 못했습니다. 지금은 연세가 어찌 되십니까?" 물라가 답했다. "호기심이 많은 이여, 그대는 모든 것을 알고 싶어하는군. 난 마흔이라네." 그 사람은 놀래서 물었다. 어찌 제가 20년 전에 물었을 때와 똑 같은 답을 하십니까? 그건 맞을 수가 없겠는데요." 물라는 화를 내면서 답했다. "왜 그게 맞을 수가 없는가? 자네가 지난 20년에 대해 상관할 게 무언가? 그때 내가 마흔이라고 자네에게 말했고 나는 여전히 마흔이라고 얘기했네. 내게는 중요

한 건 단 한가지이네. 말은 그 사람이고 그 사람이 말이네.

사람이 사는 사회는 시간에 매어 있어서 사회가 개인에 대해 요구하고 기대하는 것은 바뀔 수 있다. 그리고 사회 환경의 변화는 그 안에 사는 사람들에게 영향을 미치지 않을 수 밖에 없다. 사회에서 사람들에게 부가하는 그리고 사람들 스스로가 정하는 역할 기대는 사회 환경이 변화함에 따라 달라질 수 있다.

사람들이 경험하는 변화와 발전은 역사적, 문화적, 사회적 사건을 배경으로 일어난다. 그렇지만 심리 치료는 그런 일반적인 주제보다는 변화에 대처하는 개인의 능력을 다룬다. '순응' 이란 말은 오늘날의 세계에서는 별로 가치가 없고 '변화에 적응하는 능력' 같은 용어로 대치되어야만 한다. 적응하는 능력은 치료에 필수적인 조건이다. 호르몬이란 내분비계를 예로 들어 필자가 뜻하는 바를 설명해 보겠다.

갑상선의 과잉 분비로 고통 받는 환자는 추운 날씨에도 와이셔츠 바람으로 뛸 수 있다. 다른 사람들이 오돌오돌 떨 때 편안함을 느낄 수 있는 것이다. 이 현상에 대한 의학적인 설명은 과잉 분비된 갑상선으로 인해 신진 대사가 가속화되고 신체가 지나친 열을 발생시킨다는 것이다. 이런 환자들은 무더운 여름에 특히 고통스럽다. 이 고통은 부적응의 문제인 것이다. 건강한 사람의 신체는 넓은 범위의 온도 변화에 적응할 수 있는 반면에 갑상선 항진증 환자에게는 그런 능력이 상당히 제한 되어 있는 것이다. 그래서 다른 사람보다 환경의 변화에 더 민감한 것이다.

신경증 환자의 상황은 이 같은 적응의 어려움과 관계가 있다. 신경증 환자에게는 문제를 일으키는 것이 온도의 변화가 아니라 오히려 사회 속에서 살고 있는 사람들의 기대와 행동의 변화이다. 따라서 정리정돈이 삶에서 중요한 요소라고 여기는 사람들, 즉 강박증으로 고통 받는 사람은 어떠한 주위 환경의 변화에도 문제를 느끼게 된다. 기존 질서가 완전히 무너지거나 새로운 질서가 생겨나면 개인이 적응하는 능력, 즉 마음이 너무나 스트레스를 받아 새로운 상황을 다룰 수가 없어서 불안, 공포, 화 또는 병으로 반응하게 된다. 순환기 계통의 병과 만성적인 변비, 순환장애를 가진 서른 아홉 살 된 어느 부인이 말한 것처럼 "만약 제가 방을 치우지 않는다면 이는 더 이상 남편을 사랑하지 않는다는 것을 의미합니다. 그게 저를 공포에 떨게 했어요. 요즘에는 더 그래서 남편이나 아이들과 갈등을 많이 일으킵니다." 서른 다섯 살 된 어느 경제학자가 말하기를 "저는 차례차례 일하는 것을 배웠습니다. 모든 일에는 순서가 있어야만 하니까요. 처음에는 이를 닦고, 다음에는 세수하고 그 다음에는 면도하고 옷을 입고 식탁에 앉아서 커피 두 잔을 마시고 신문을 읽고 그리고 화장실에 갑니다. 만약 이 순서가 깨진다면 저는 완전히 엉망이 됩니다. 즉 변비가 생기고 하루를 망치게 되죠.

이 같은 고정된 태도는 위기에 닥치면 그 가치를 의심하게 된다. 그렇지만 생각을 바꾼다고 완전한 변화가 일어나지는 않는다. 대부분의 경우 감정 때문에 오는 위기는 극단적인 감정, 의심, 실망, 낙담 등을 수반한다.

아주 잠깐 동안이라도 생각이 왔다 갔다 하는 것은 어떤 사람에게는 아주 무서운 일이어서 다른 극단을 택하기도 한다. 의심 또는 절망으로부터 자신을 지키기 위해서는 사람들은 의지가 굳건하고 확실한 성격이라고 생각하는 '경직성' 으로 도망간다. 그래서 행동을 바꾸지 않아도 되기 위해서 자신에게 불리한 정보는 무시하는 것이다.

가지의 종

고대 중동에 살았던 어느 위대한 왕은 가지를 먹는 것을 좋아했다. 왕은 항상 가지를 충분히 먹지 못했다고 여기어서, 심지어는 가능한 가장 맛있게 만드는 조리법으로 가지를 요리하는 일만 전담하는 시종이 있을 정도였다. 왕은 가지의 맛을 격찬하곤 했다. "이 야채는 천하일미란 말이야." 왕이 큰 소리로 말했다. "그 맛은 얼마나 신묘한지! 그 자태는 얼마나 우아한지! 가지는 지상에서 최고의 것이로다." 시종이 답했다. "폐하께서 하신 말씀이 정말 맞습니다." 바로 그 날, 왕은 게걸스럽게 너무나 많은 가지 요리를 먹어서 앓게 되었다. 왕은 위가 뒤집어질 것 같았고 여태껏 먹은 가지가 몽땅 밖으로 나올 것만 같았다. 왕은 신음했다. "가지는 그만 먹어야 겠도다. 이 지옥에서 온 음식을 다시는 보고 싶지도 않도다. 가지 생각만 해도 구역질이 난다. 가지는 내가 아는 야채 중 가장 끔찍하구나." 시종이 답했다. "정말 폐하께서 하신 말씀이 맞습니다." 왕은 이 말은 듣자 소스라치게 놀랬다. "오늘 짐이 가지가 얼마나 훌륭한 야채인지 말했을 때, 너는 내 말에 동

의 했었도다. 지금 짐이 가지가 얼마나 끔찍한 야채인지를 말했는데 너는 또다시 내 말에 동의했도다. 이걸 어떻게 설명하겠는가?" 시종이 답했다. "폐하, 저는 폐하의 시종이지 가지의 시종은 아니옵니다."

시종은 현명했다. 궁전에서 자기가 해야 하는 역할을 잘 알았고 자기 역할속에 감추어진 권위와 위험도 알았기 때문에 자기 이익이 줄어들지 않도록 처신했던 것이다. 시종은 왕의 말이 비논리적이라는 것도 지적하지 않았고 가지 편을 드는 말도 하지 않았다. 물론 많은 사람들이 문제에 말려들지 않은 시종을 비판할 지는 모르지만….

스물 일곱 살 된 회사원이 우연히 심리 치료를 받기 시작했다. 주치의가 위장병으로 고생하는 그에게 마음이 위장병의 원인인 것 같다는 말을 했다고 했다. 치료의 초기 단계에서는 특히 상사와의 문제 등 직업에 관련된 이야기를 했다. 환자가 새로운 프로젝트에 자기 아이디어를 내놓으면 상사는 그 아이디어를 거부했다고 했다. 환자가 말하기를 "상사는 자기가 원하는 것만을 합니다. 그렇지만 저는 아무것도 할 수 없어요."라고 했다. 환자는 밤늦게 까지 새로운 모델을 개발하는 일을 했다. 그렇지만 아침마다 그의 모델이 받아들여지지 않을 뿐만 아니라 하찮은 것으로 여겨진다는 사실을 알게 되었다. 성취와 직업에서의 성공에 중요성을 많이 두는 환자에게는 직장에서의 상황이 점점 더 견딜 수 없는 것이 되었다. 환자는 직접적으로 상사에게 대응할 수 없었기에 몸으로 반응한 것이었다. 위의 고통은 상사가 저지른 부정의 대한 반발이었다.

이 치료에서는 근본적인 갈등과 심리적인 역동을 다루지 않았다. 그렇지만 필자나 환자에게는 환자의 고통의 감소라는 1차 목표를 가진, 직접적인 위기 개입을 하는 것이 중요했다. 그런 측면에서 볼 때 직업과 관련된 환자의 야심은 문제의 원인이 아니며 직장에서 성공적이어야만 되는 필요성과 자기의 생각을 관철하는 것도 문제가 아니다. 환자의 치료를 위해서는 두 가지가 중요하다. 즉 환자가 자신의 여러 가지 행동 뒤에 감추고 있는 기대에 찬 태도와 권위적이고 가부장적인 상사의 심리적인 상황을 고려하지 못하는 무능력인 것이다. 이와 관련되어서 '가지의 종'이란 이야기는 환자에게 자신의 생각과 반대되는 생각을 보여준 것이다. 이때 이야기는 모델이 아니고 환자가 자신의 전형적인 반응을 더 잘 알게 되고 친해지며 분별하는 눈으로 자신의 행동을 볼 수 있게 하는 자극제가 된 것이다.

유리관

어느 중동의 왕에게는 누구보다도 더 아름답고 매력이 넘치는 왕비가 있었다. 그녀의 아리따움은 왕의 인생을 환하게 비추었다. 왕은 시간이 날 때마다 왕비와 함께 있으려고 노력했다. 그러던 어느 날 왕비가 갑자기 비명횡사를 했고 그래서 왕은 크나큰 슬픔 속에 잠긴 채 홀로 남겨지게 되었다. "절대로 사랑스런 왕비 곁을 떠나지 않을 것이오." 왕은 큰소리로 외쳤다. "죽음이 그녀의 아름다운 모습에서 모든 생명의 흔적을 다 앗아가 버린다고 하더라도 말이오." 왕은 죽은 왕비

의 시신을 유리관 속에 넣어 왕궁에서 가장 큰 방에 놓고, 침대를 유리관 옆으로 옮겨서 한시라도 왕비와 떨어져 있지 않게 하였다. 죽은 왕비가 이렇게 왕 가까이 있는 것 만이 왕의 유일한 위안이었으며 그것만이 왕의 마음에 평화를 가져다 주었다.

그렇지만 때는 무더운 여름이었다. 왕궁이 서늘한 곳임에도 불구하고 시신은 천천히 분해되기 시작했다. 곧 물이 왕비의 이마 위에 괴였고 그 사랑스러웠던 얼굴은 색이 변하고 하루하루가 다르게 부풀어 올랐다. 그렇지만 왕비를 사랑하는 마음이 컸던 왕은 이를 알아 차리지 못했다. 곧 썩는 냄새가 온 방 안에 진동하게 되었으나 어떤 시종도 감히 코를 막을 수가 없었다. 마음이 무거워진 왕은 옆방으로 침대를 옮겼다. 창문이 모두 활짝 열려 있었으나 무상함의 악취는 왕을 따라 다녔다. 장미수라도 그 악취를 없앨 수 있을 정도로 강하지 못했다. 마침내 왕은 왕의 상징인 녹색 허리띠를 풀어서 코를 막았다. 여전히 왕은 함께 있었던 유일한 생명체는 사방을 윙윙거리고 날아다니는 큰 쇠파리뿐이었다.

그러다가 왕은 의식을 잃고 쓰러졌다. 의사는 왕을 궁중의 정원으로 옮겼다. 왕이 의식이 깨었을 때, 때마침 시원한 산들 바람이 불었다. 꽃들의 향기가 왕의 감각을 부드럽게 일깨웠고 분수의 물이 콸콸 솟구치는 소리는 왕의 귀에는 음악처럼 들렸다. 왕에게는 마치 사랑스런 왕비가 여전히 살아있는 것처럼 느껴졌다. 며칠이 지나자 왕은 다시 건강해졌고 활기를 되찾았다. 왕은 생각에 잠겨 장미 꽃 속을 들여다 보다가 갑자기 왕비가 살아 있었을 때에 얼마나 아름다웠는지, 그리고 날이 갈수록 왕비의 시신이 얼마나 점점 더 끔찍하게 변했는지를 기억해냈다. 왕은 그 장미꽃을 꺾어서 관속에 넣고는 시종들에게 시신을 묻으라고 명령하였다.

마흔 네 살 된 숙련공인 어느 여자 환자는 주치의의 명령에 따라 첫번 째 인터뷰를 하러 나에게 왔다. 환자는 비정상적인 애도반응으로 고통을 받고 있었다. 그녀는 20 회에 거쳐 치료를 받았는데 치료는 환자에게뿐만 아니라 필자에도 견디기 어려운 투쟁과도 같았다. 환자의 상황을 묘사하기 위해 첫번 째 인터뷰의 일부를 여기에 제시해 보겠다.

"저는 한때 건강하고 정상적이었던 남편이 갑자기 정신병에 걸려서 자살 했다는 것을 깨달을 때마다 절망의 일보 직전까지 가요. 저를 압도하는 고통과 함께 11년 동안의 결혼 생활동안 그에게 지나치게 엄격했던 것에 대해 제 자신을 비난하지요. 저는 남편에게 바가지를 긁었고 작은 일에도 소리를 많이 질렀거든요. 그이에게 보다 성격이 좋고 행복한 부인이 있었더라면 남편의 병을 예방할 수 있었거나 혹은 적어도 더 심각해 지지 않게 할 수 있었다는 것을 확신해요."

"고통과 함께 너무나 젊어서 죽은 제 남편에 대한 연민도 있지요. 그 연민은 제가 남편을 상실해서 느끼는 고통보다 더 가혹해요. 제가 가끔 자살할 생각도 했다는 것을 인정 해요. 자살을 못하게 막는 유일한 것은 제가 늙으신 어머님에 대해 책임감이에요."

환자는 치료를 시작할 때 이런 말을 반복해서 하곤 했다. "제 행동이 남편을 병들게 하고 자살하도록 하는 것이 가능하지요? 환자는 시도 때도 없이 이 질문을 해대곤 했다.

이와 비슷하게 필자는 그녀가 가족이나 이웃, 전에 만났던 사람들과 있었던 문제에 대해서 이야기한다는 것을 발견했다. 이렇게 항상 도움을 청하는 호소를 하는 결과는 모든 친구들이 그녀에게 속았다고 느끼게 만들었다. 환자는 문제와 함께 점점 더 고립되었다. 이성적이고 논리적인 대화가 불가능해 보였다. 환자는 모든 일을 더 잘 알게 되었음에도 불구하고 자기 비난과 판에 박은듯한 죄책감을 자백하는 것 이외는 어떠한 통찰도 거부했다. 이 모든 것이 예후가 나쁘다는 것을 지적하는 듯했다. 그러나 우리는 차례 차례로 환자의 강박증을 감소시켰다. 필자는 환자를 강박적으로 우울하게 만드는 생각을 계속해서 다루는 대신에 그 동안 환자가 쌓아올린 남편의 이미지를 실제와 구분하는 것을 돕도록 노력했다. 이것은 물론 환자를 힘들게 했다. 환자는 죽은 남편의 이상화된 좋은 면만을 계속 이야기하다가 부정적인 면이 등장하는 순간 뒤로 물러 났다. 이미 고인이 된 남편에 대해서 어떤 식으로도 공격하는 것이 금지된 것 같았는데 그런 면들이 드러나는 것을 방지하기 위해 남편의 단점을 자신의 부족한 점과 죄책감의 고백으로 대치시켰다. 환자가 고백하기를 "저는 그이에게 돈을 충분히 주지 않았어요. 오히려 내가 돈 쓸 만한 가치가 있다고 그에게 큰소리 쳤죠. 오랫동안 남편과 성관계 갖는 것도 거부했어요. 전 남편의 요구에 둔감했어요 등. 이때쯤 되면 자기 말을 약화시키기 위해 이렇게 덧붙이곤 했다. "저는 진정으로 그런게 아니었어요. 저는 항상 곧장 사과하고 그이에게 화내지 말라고 했어요." 바로 그 때 필자는 환자에게 다음 이야기를 읽어 보라고 했다.

까마귀와 공작에 관하여

까마귀 한 마리가 궁중의 정원에 있는 오렌지 나무 가지 위에 앉아 있었다. 잘 손질 된 잔디밭 위에는 공작 한 마리가 자랑스럽게 걷고 있었다. 까마귀가 날카롭게 소리쳤다. "누가 저렇게 이상한 새를 정원에 들어가도록 허락했지? 저 새는 마치 자기가 왕인 것처럼 거만하게 걷고 있구나. 저기 진짜로 추한 발을 좀 보게! 그리고 저 깃털은 끔찍한 파란 색이로구나! 나라면 저런 색깔을 깃털로 안 키울텐데. 저 새는 여우처럼 꼬리를 질질 끌고 있네." 까마귀는 말을 멈추고 숨죽이면서 응답을 기다렸다. 공작은 한참동안이나 아무 말도 않다가 서글픈 미소를 지으면서 말하길 시작했다. "저는 당신의 주장이 현실을 반영하고 있다고는 생각지 않습니다. 당신은 제가 머리를 쳐들면 어깨의 깃털이 펼쳐지고 늘어진 턱이 제 목을 가려 주기 때문에 제가 거만하다고 말씀하시지만 현실적으로 저는 결코 거만하지 않습니다. 저는 저의 추한 모습과 가죽처럼 주름진 발에 대해서 잘 알고 있습니다. 이런 것들이 사실상 저를 너무나 심하게 괴롭히기 때문에 제 추한 발을 보지 않기 위해 제 고개를 빳빳이 세웁니다. 당신은 저의 추한 모습만 보시는군요. 당신은 저의 장점과 제 아름다움에 눈을 감으시네요. 알아차리셨는지 모르겠네요. 당신이 추하다고 말한 것들은 정확하게 사람들이 저를 보고 아름답다고 하는 것들입니다.

(에테사미)

환자에게는 이 이야기가 자신이 본받아야 할 본보기와도 같았다. 환자가 말하기를 자신은 마치 까마귀가 공작의 긍정적인 장점들을 무시하는 것처럼 남편이 저지르는 실수, 남편에게 있는 문제, 남편의 약점 등을 부인해 왔다고 했다. 환자는 치료 도중에 필자에게 보낸 편지에서 이렇게 썼다. "실제로 저는 저의 긍정적인 면보다는 부정적인 측면을 먼저 보는 문제가 있었습니다. 그렇지만 저도 역시 그렇게 나쁜 사람은 아닙니다." 이렇게 생각하는 것은 환자가 자꾸 만들어내는 부적절한 생각의 고리를 벗어나게 하는 출발점이 될 수 있었다.

우리는 지나간 과거의 문제를 늘어 놓는다던가 자기 비난을 강박적으로 반복하는 것에서 벗어나 새로운 치료 단계로 옮겨 갈 수 있었다. 환자는 자신의 과거와 부모님과의 관계 그리고 남편에게 걸었던 기대 등에 관하여 이야기 했다. 환자가 직업적인 성공을 거두었음에도 불구하고 어머니 앞에서는 무기력하고 약한 어린 아이와도 같은 역할을 하는 모녀관계가 있었는데 남편이 집에서 하는 역할은 이 모녀 관계에 의해서 정해졌다. 장모와 부인은 남편을 침입자로 간주했고 남편이 두 사람이 생각하는 검소함, 정리정돈, 성 생활, 인간 관계를 맺는 방식에 대한 생각을 따라주기를 원했다. 그래서 공공연한 대립은 자주는 아니지만 가끔씩 생겼다. 환자는 원고의 역할을 자주 하는 편이었다. 환자의 말에 따르면 남편은 심성이 모질지 못하고 순종적이어서 환자가 문제를 일으키는 매커니즘과 잘 어울렸다고 했다.

우리가 탐색 단계에서 집중적으로 작업해서 환자가 자신이 느끼는 죄책감과 그 원인에 대해서 더 잘 알게 된 이후에는 환자가 자신의 요구와 입장을 말로 표현했고 치료 목표를 세우기 시작했다. 처음에는 거의 불가능하게 보였던 이런 명백한 치료의 효과에도 불구하고 환자는 가끔씩 고인이 된 남편을 이상화하는 것으로 되돌아가기도 했다. 남편이 소중히 여겼던 물건을 버릴 때면 애도를 새로 하는 기회로 삼았는데 그럴 때마다 환자는 죄책감을 느끼면서 불안해하고 내적으로 무너지는 것 같았다고 했다. 어느 날엔 환자는 다음과 같은 어려움을 토로했다. 환자는 전에 자기가 싫어했던 남편의 가구 중 일부를 버릴 생각을 하고 있었다. 그렇지만 그렇게는 할 수 없었다고 말했다. 이 시점에서 필자는 환자에게 유리로 된 관 이야기를 해주었다. 이야기를 듣다가 처음에는 환자가 충격을 받았다. 썩어가는 몸에 대한 묘사가 환자에게 깊은 인상을 주었다. 그 이야기는 환자가 전에는 인정할 수 없었던 화를 떠올리게 했던 것이다. 그리고 그 화는 이별과 부패의 이미지 속에서만 표현 될 수가 있었던 것이었다. 환자는 어머니와의 관계와 양육된 방식 때문에 남편의 몸이 썩는 것을 부정하고 자신이 벌을 받아야만 한다는 생각에 묶여 있었는데 이야기의 도움으로 썩는 것이 새로운 것을 만들기 위해는 좋은 것이라는 것을 간접적으로 깨달은 것이다.

어떤 스승도 하늘에서 떨어지지 않는다

어떤 마술사가 왕 앞에서 마술을 선보였는데 모인 사람들이 감탄했다. 왕은 경탄을 금치 못하면서 말했다. "하느님, 맙소사! 어찌 저런 기적이! 진짜 램프의 요정이로다."

그렇지만 한 재상은 잠시 생각을 해보더니 이렇게 말했다. "국왕 폐하, 어떤 스승도 하늘에서 떨어지지 않습니다. 마술사의 마술은 성실하게 연습한 결과일 따름입니다.

왕은 이마를 찌푸렸다. 재상이 자신의 말을 찬성하지 않은 것이 마법을 보고 좋아진 기분을 망쳐놓았던 것이었다. "이 은혜 모르는 인간아! 어떻게 저런 마법이 연습에서 생긴 것이라고 네가 주장할 수 있단 말인고? 짐이 말한 것처럼 너희들이 재능이 있던지 말던 지이다. 왕은 재상을 얕보듯이 바라보더니 큰 소리로 말했다. "그대는 어쨌든 재능이 없으니 지하 감옥에나 가거라. 거기서는 짐의 말을 숙고해 볼 수 있을 것이로다. 그리고 그대는 외롭지 않을 것이니 거기에서 그대와 같은 종과 함께 지낼 것이니라. 송아지와 한 방을 쓰게 될 것이로다."

재상은 감옥에서의 첫 날부터 송아지를 번쩍 들어 지하 감옥의 탑에 오르는 계단까지 나르는 연습을 했다. 여러 달이 흘렀다. 송아지는 힘센 황소로 자랐고 재상은 날마다 하는 웨이트 트레이닝 연습 덕택에 힘이 세졌다.

어느 날 왕은 감옥에 처넣은 재상이 생각났다. 왕은 재상을 불러 들였다. 왕이 재상을 보았을 때 너무나 놀라서 이렇게 말했다. "하느님, 맙소사! 어찌 저런 기적이! 진짜 램프의 요정이로다."

양팔로 황소를 번쩍 들은 재상은 전처럼 같은 말로 대꾸했다. "국왕 폐하, 어떤 스승도 하늘에서 떨어지지 않습니다. 폐하께서 자비를 베푸셔서 저에게 이 동물을 주셨습니다. 제 힘은 성실한 연습의 결과입니다."

왕은 마술사를 어느 누구도 갖지 못한 특이하고 뛰어난 기술을 가진 사람으로만 보기를 원했다. 그래서 마술사의 업적에서 현실을 무시하고 마술사를 이상화시킨 것이다.

흔히 이렇게들 말한다. "당신이 사람들과 사귈 수 있거나 없거나, 우리가 문제를 없다고 속일 수 있는 능력이 있거나 없거나, 당신에게 행운이 있거나 없거나" 이런 '있거나 없거나' 식의 편협한 태도는 어떤 사람들은 특정 능력을 갖고 태어나고 어떤 사람들은 능력을 하나도 갖고 있지 않다는 생각에 바탕을 두고 있다. 이 이야기에서는 재상이 제3의 가능성으로 그런 있거나 없거나 식의 태도를 반박했다. 재상에게는 마술사의 기술은 마술사가 성실히 연습한 결과였던 것이다. 사람이 충분한 시간만 있고 목표를 달성하기 위해 그 시간을 쓸 준비만 되어 있다면 기본적으로 모든 것을 성취할 수 있다는 생각이 '있거나 없거나' 식의 태도를 대치할 수 있다. 재상을 스스로의 모범을 보여서 이 가정을 증명했다.

가족 치료에서 치료가 잘 되면 원래 환자였던 사람이 자기 환경에서 치료자가 될 수 있다. 서른 여덟 살 된 회사원인 어느 환자는 다른 사람보다 덜 독립적이고 덜 창조적이고 어떤 일을 덜 성취한다는 생각으로 주로 고통을 받았다. 그의 서른 두 살 된 아내는 그 생각들이 맞다는 것을 그에게 확신시켜 주었다. 아내의 모토는 '다른 사람들이 한 것을 보세요. 당신은 결코 그런 일을 못할 거예요.' 였다. '당신은 그런 일을 결코 못할 거예요' 란 말은 환자의 거의 전 생애동안 따라 다녔다. 환자가 필자에게 말하길 "제 어머니는 고등학교 마치고 대학에 간 아이들, 뭔가 이룬 아이들을 항상 부러워하셨어요. 그 애들이 항상 제 모델이 되었는데 사실 제가 거의 따라갈 수도 없는 모델이었지요."

환자는 예술, 그 중에서도 특별히 회화에 관심이 있었다. 아내와 함께 전시회도 다니고 예술가들도 존경했지만 자신이 직접 그림을 그려 보려고 시도하지는 않았다. 환자는 치료 기간 중에 회화 학원에 등록하고 붓을 들었다. 부인은 그 생각을 찬성하지 않았다. 남편에게 말하기를 "당신은 그림을 화가에게 맡겨야 해요. 당신은 천재가 아니잖아요." 그러나 환자는 그 말이 기를 꺾도록 내버려 두지 않았다. 환자가 화가로서 첫번째 성공을 거둔 직후에 아내에게 목탄화를 직접 해보라고 부추겼다.

6개월 후, 진료 시간을 예약하는 도중에 부인이 말하기를 "그 사람이 재능을 갖고 있다는 생각을 전혀 안 했어요. 제 남편은 제가 아주 좋아하게 그림을 그려요. 우린 전에는 샤갈이나 마티스, 피카소의 복사화를 거실에 걸어두곤 했었는데 지금은 남편이 그린 오리 지널 그림으로 대치했어요. 또 남편은 제가 그린 목탄화 그림에 액자를 끼워 줬어요. 제가 생각하기에 미술 실험은 저희들에게 확신을 주었고 다른 일들도 마찬가지로 실험해 보도록 고무시켜 준 것 같아요.

모든 사람들이 모든 일을 할 수 있다는 것은 불가능하게 보인다. 그렇지만 그게 문제가 되는 것은 아니고 중요한 것은 만약 우리가 재능을 개발할 만한 시간이 충분하고 에너지를 투자 할 수 있다면 숨겨진 재능들을 많이 개발시킬 수 있다는 점이다.

당신은 전지하옵니다

이슬람의 어느 종파의 한 신자가 예언과 투시로 유명한 그 종파 공동체의 지도자인 셰이크에게 갔다고 한다. 신자가 말하기를, "셰이크여, 제 아내가 임신 중인데 딸을 낳게 될까 봐 두렵습니다. 하느님께 기도해 주셔서 그 분의 자비로 아들을 낳게 해주십시오."

셰이크가 대답하기를, "맛좋은 떡과 과일을 가져와 나의 신도들에게 먹여 그들이 만족한다면 그대를 위해 기도할 수 있을 것이요."

"제 목숨을 걸고 제가 그것을 하겠습니다." 그 사람은 그렇게 말한 후 가서 셰이크가 명령한 모든 것을 이행했습니다.

식사가 끝난 후 신도들이 기도했고 셰이크는 몸을 더 숙여서 몇 마디 기도를 올렸습니다. "아들 낳는 것이 확실합니다. 아들이 열 살이 될 때 우리 교단에 들어 올 것입니다." 라고 셰이크가 말했다.

그러나 남자의 아내는 딸을 낳았고 용모도 매우 추했습니다. 남자는 이 사실에 너무나도 슬퍼서 셰이크에게 가서 불평했습니다. "당신의 기도는 당신이 약속한 결과를 가져오지 않았습니다. 당신은 내가 아들을 가지리라고 했는데 나는 이제 딸이 생겼고 용모조차 추합니다."

이에 대해 셰이크는 이렇게 응답했습니다. "그 때에 그대가 가져온 음식은 진정한 믿음과 순수한 의도로 준비되지 않은 것이 확실합니다. 그대가 순수한 동기와 온 마음을 다해 음식을 받쳤다면 내가 맹세하건데 그대는 아들을 낳았을 것입니다. 그러나 비록 딸이지만 그 애는 그대에게 더 큰 즐거움을 줄 것이며 아들보다 더 많은 것을 얻을 것입니

다. 나의 비젼으로 보건데 그대의 딸은 축복 받은 학자로 보입니다."
이 말에 위안을 받고 남자는 돌아갔습니다.

두 달 후에 딸이 죽었습니다. 그 남자는 다시 셰이크에게 와서 말했습니다. "셰이크여, 제 딸이 죽었습니다. 당신의 기도는 어떤 효력도 없었다고 말씀드려야겠습니다."

셰이크가 대답하기를, "내가 말하지 않았습니까? 그대의 딸은 아들보다 더 많은 것을 얻게 될 것이라고. 그대의 딸이 살았다면 딸의 마음은 세상의 온갖 추악함에 무너졌을 것입니다. 그래서 딸은 지금 죽는 것이 더 좋습니다."

셰이크가 이렇게 말할 때 신도들이 뛰어와서 그의 발 앞에 몸을 던졌습니다. 그리고는 모두 "인샬라 타알라! 항상 건강이 당신과 함께 하기를. 우리는 항상 당신의 겸손한 종이 될 것입니다. 참으로 당신은 전지하시옵나이다. 당신의 숨결은 생명력을 가지고 있으며 당신의 존재는 예언자와 다르지 않습니다!"라고 노래했습니다.

생각이 현실과 일치하지 않을 때에는 현실을 생각에 따라 왜곡시키는 일이 자주 있다. 이런 형태의 저항과 부정은 매우 끈질겨서 거의 이길 수 있는 사람이 없는 것 같다. 어떤 사람들은 이렇게 말하는 경향이 있다. "저는 실수 할 수가 없었습니다. 부모님께서 제게 말씀해 주신 것은 모두 진실이었고 여전히 진실로 남아 있습니다. 의사 선생님께서 말씀하신 것은 옳습니다. 선생님은 자신이 원하는 말을 말씀하실 수 있겠지만 그래도 여전히 제 말이 옳습니다."

이렇게 현실을 바꾸는 게임은 교육, 결혼, 직업, 과학, 정치, 종교

등 거의 모든 일에까지 벌일 수 있다. 생각이 현실과 분리 되는데 그것은 현실이 터무니 없다고 여겨지기 때문이거나 또는 생각에 따라 현실이 재해석되기 때문이다. 이런 것들이 시사하는 바는 인간관계를 맺을 때에는 단 한가지 현실이 있는 것이 아니라 생각과 태도라는 필터를 통해 생겨나는 현실이 수없이 많다는 것이다. 생각에서 현실을 완전히 제거하면 생각 그 자체가 목적이 되어서 위험해지는데 그 경우에는 커뮤니케이션이 상호 작용의 특성을 잃어 버린다. 어떤 환자가 그 현상을 이렇게 표현했다. "그건 고무 벽에 대고 돌을 던지는 것과 같습니다. 돌이 계속 되돌아 옵니다." 비슷한 방식으로 환자들이나 일반 사람들은 자신의 생각을 속입니다. 대화로서 그런 생각들을 다룰 수가 거의 없고 불가능합니다. 그런 사람들은 그들의 생각과 다른 모든 것에 대한 답을 가진 셈이니까요.

나는 40년 전이나 다름 없다

사이 좋은 친구인 세 노인이 함께 앉아 젊은 날의 기쁨과 늙는 것의 괴로움에 대해 이야기 했다. 한 노인이 "아, 나의 사지는 내가 원하는 대로 움직이지 않아. 그레이하운드(사냥개)처럼 뛰곤 했었는데 이제 내 다리는 경사진 데서 잘 움직여 지지도 않고 한 발자국, 한 발자국 움직이기도 곤란해."라고 신음하면서 얘기했다.

두 번째 노인이 "자네 말이 맞구려. 젊은 시절의 힘은 사막의 물처럼 빠져 나간다고 느끼곤 해. 시대는 변했고 시간의 이정표 사이에서 우

리도 변했어." 라고 친구에게 말했다.

물라(성직자인) 세 번째 노인은 다른 친구들과 마찬가지로 비틀거렸는데도 머리를 흔들면서 말했다. "나는 자네들을 이해할 수 없어. 자네들은 무엇을 불평하는 거야? 나는 그런 것을 경험한 적이 없어. 나는 40년 전이나 다름없어."라고. 그러나 두 노인은 그 말을 믿을 수 없었다. 물라인 세 번째 노인은 "분명하고도 분명해. 나는 어제 그것을 증명할 수 있었어. 내가 기억하는 한 내 침실에는 크고 무거운 오크 나무로 만든 장롱이 있는데 40년 전에 그것을 들어 볼려고 했는데 할 수 없었거든. 어제 그것을 다시 들어 보려는 생각이 떠올랐지. 내가 모든 힘을 다해 노력해 봤지만 또다시 들 수 없었어. 그러니 이는 내가 40년 전이나 다름 없다는 것을 확실히 증명한 것이야"라고 항변했다.

어떤 알코올 중독증 환자는 가족과 직장에서 문제가 심각했다. 필자가 그에게 "오늘은 어떠십니까?"라고 물어 보면 그에게서 "변화가 없어요."라는 항상 똑같은 대답을 듣게 되었다. 이렇게 똑같이 묻고 답하는 게임이 의식이 되어 버렸다. 필자는 환자가 사람들이 그에게서 많은 것을 얻지 못할 것이라는 것을 보여주는 것을 재미있어 한다는 인상을 받았다. 필자가 이 주제를 꺼낼 때마다 환자는 이를 피했다. 어느 날 우리의 의식을 또 마치고 나서 환자에게 '나는 40년 전이나 다름 없다' 라는 이야기를 들려 주었다.

이 이야기는 알코올 중독자들이 현실을 회피하고 비현실적인 주장을 하는 경향성을 상징적으로 잘 나타내 주고 있다. 환자는 곧 이야기의 주인공과 동일시할 수 있었다. 이야기는 겉으로는 중요하게 보이지 않을지 모르지만 아주 큰 효과가 있었다. 즉 환자가 판에 박은 듯한 대답을 하는 것을 멈춘 것이다. 대신에 보다 잘 구별 될 수 있게 자신의 실제 상태를 말해 줄려고 노력했다.

아미르누히 사마니 왕이 죽었을 때 학자들은 성가신 존재인 의사 아비시나를 모함할 기회를 갖게 되었다. 그 결과로 아비시나는 고르간 시를 떠날 수 밖에 없어서 다아이라민 왕조에 속한 레이시로 갔다. 레이시는 마즈텔도우레의 통치하에 있었는데 그 왕은 심각한 우울증과 거식증으로 대단히 고통 받고 있었다. 아비시나는 별난 방법을 써서 그를 도울 수가 있었다. 고대 페르시아 시인인 니자미가 그 광경을 이렇게 묘사했다.

치료된 환상

어느 왕이 자신을 소라고 생각하고 인간이라는 것을 완전히 잊어 버렸다. 그래서 왕은 황소처럼 울부짖더니 이렇게 애걸했다. "이리 와서 나를 데리고 가 죽이고 내 고기를 이용하도록 하라" 왕은 왕에게 가져온 음식들을 모두 되돌려 보내며 아무 것도 먹지 않았다. "왜 나를 푸른 초원으로 데리고 가서 소가 먹는 방식으로 먹게 하지 않느냐?"라고 물었다. 왕은 아무것도 먹지 않았으므로 계속 살이 빠져 뼈 밖에 남지 않게 되었다.

어떤 방법이나 의술도 도움이 되지 않았으므로 의사인 아비시나가 초청을 받아 조언을 하게 되었다. 아비시나는 왕에게 와서 백정이 와

서 그를 죽이고 그 고기를 쪼개서 사람들을 먹이도록 할 것이라고 보고했다. 왕은 이를 듣고서 한없이 행복해 하며 죽을 날을 열렬히 기다렸다. 정해진 날이 오자 아비시나는 왕에게 갔다. 아비시나는 백정의 칼을 흔들고 위협하는 목소리로 이렇게 소리쳤다. "내가 죽여야 하는 소는 어디에 있나?" 왕이 '음메' 라고 대답했으므로 아비시나는 죽여야 하는 짐승이 어디에 있는지 알게 되었다. 그러자 아비시나가 큰 소리로 명령했다. "그 짐승을 이리로 데려오라. 그 짐승을 묶어서 내가 머리를 자를 수 있도록 하라." 백정이 보통하듯이 아비시나는 칼을 흔들기 전에 벨 짐승의 허리와 위를 점검했다. 그러나 그때 아비시나가 크게 소리 질렀다. "아니야, 아니야. 이 소는 죽이기에는 충분히 살이 안올랐군. 이 소는 너무 말랐어. 먼저 살이 찌게 하라. 충분히 살이 찌면 내가 다시 올 것이다."라고. 왕은 죽을 것을 기대하면서 가져온 음식을 모두 먹었다. 왕은 살이 쪘고 보기에도 상태가 좋아지게 되었다. 아비시나의 배려하에 왕의 건강은 회복되었다.

한번은 편집성 환각으로 진단 받고 또 한번은 만성적인 망상증상으로 진단 받은 쉰 한살된 여자 환자를 맡은 적이 있었다. 그녀가 말하기를 "처음에는 그들이 저를 저주했고 항상 저주했기 때문에 저는 항상 그것에 대해서 생각했어요. 옛날에 라인 강이 말라 버렸을 때 그들이 모택동과 베트남의 챕 교수를 제 머리 위에 올려 놓았는데 그들은 항상 악마를 불렀어요. 제가 그걸 체크 했는데 정말로 그랬을 거예요. 그때 그들의 목소리가 커지기 시작했는데 왜냐하면 그들이 매일 폭탄을 두 배로 떨어뜨렸으니까요. 이게 그들이 항상 소리지른 식이에요. 그건 영원 전이었어요. 선생님은 그게 어떤 종류의 공포였는지 믿지 못하실 거예요. 그들이 저를 수술대 위에 올려 놓았어요. 얼마나 자주 그랬는지는 모르겠어요. 내 아이들, 무덤에 계신 아버지, 남편에게도 수술했어요. 그것도 역시 굉장했어요. 그게 바로 제가 법원에 가기 원한 이유에요. 저는 그들을 여덟 차례 고소를 하고 나서 변호사를 발견했지만 모르겠어요. 지금은 잘 되기를 바랍니다. 저는 바보 같고, 술 취한, 망할 놈의 가톨릭들에 의해 제 여생 동안 박해 당하고 싶지 않아요. 그들은 단정하게 옷을 입고 매주 일요일마다 제 옆에서 무릎을 끓는, 신앙심 깊은 신자예요. 만약 제가 그걸 알았더라면 그들을 죽였을 거예요. 신부님은 집에서 그들이 여기서 말한 것들을 항상 저희들에게 말씀하십니다. "고통은 우리의 죄와 병을 보상하기 위해 신이 보내신 겁니다" 라고. 어린 아이 일지라도 원죄가 있고 병이 생김으로써 값을 치루어야 해요. 당신이 교회에 우상을 세워 놓았어요. 어머니가 거기 앉아 기도 하십니다. 제가 그 곳에 있을 때 왜 어머니께 기도하시고 계신지를 물어 보았어요. 음식에 대한 감사래요. 당신이 이미 그것을 위해 기도했지만 어머니는 여전히 조용히 기도하세요. 그들이 어머니가 심장 발작을 일으키도록 했어요. 그들이 어머니의 심장을 너무나 많이 때렸어요. 그들은 내 아이가 걷고 말하기 전에 내 아이도 때렸어요. 그건 3대째 그랬어요. 지금은 그들 모두 막 자려고 했어요. 저는 지금 재판이 진행되어서 그들을 교수형에 처했으면 해요. 그들이 내가 바보라고 일백 번 씩 말하더라도 전 그걸 하나도 믿지 않을 거예요."

처음에는 환자의 진술이 혼란스럽게 보일지 모르지만 엉켜 있는 말의 배열들을 무시하고 경험을 재생해내는 기준에 집중해서 매우 구체적인 경험들을 끌어내어 만들 수 있다. 이 환자는 정의가 이루어지기를 몹시 바라는 것이 진술의 배경인 것이다. 어떤 때는 정의가 이루어져야 되는 곳이 직업이고 어떤 때는 종교이다. 그 다음에는 성, 인류, 정치, 의사 선생님, 부모님, 자녀, 남편에게 정의롭게 행동하기를 요구한다. '정의'가 주제이고 정의를 둘러싸고 환자가 지금까지 경험했던 정의와 관련된 여러 상황이 모인 것이다. 이건 마치 현실에 의해 체크되지 않을 때마다 '정의의 프로그램'이 실행되는 것과도 흡사하다.

만약 환자의 과거사를 검토하고 환자의 능력을 검토하면 부분적으로 해체된 말들이 그럴듯한 의미를 갖게 된다. 간단하게 말하자면 환자는 이런 모든 집단과 그 구성원에게서 부당하게 대우 받았다고 느꼈다. 지금은 이런 부정의를 비난하기 위해 '망상'을 이용한 것이다. 변별화 분석지(DAI))의 도움으로 심리 사회적인 충동성 검사를 하는 동안 환자는 100% 논리적으로 대답했고 능력에 대한 질문에 적절하게 대답했다. 환자의 레파토리가 다 떨어질 때에만 '정의의 프로그램'이 돌아가기 시작했다. DAI는 환자가 망상에서는 불가능한, 매우 분명한 자기 이미지를 알고 있다는 것을 보여 줄 수 있었다.

환자가 갖고 있는 세상의 부정의에 대한 확신이 거의 흔들릴 수 없음에도 불구하고 필자는 차례 차례로 망상을 부술 수가 있었다. 필자가 심리치료사로서 환자를 치료할 때 의사도 정의롭지 않은 세상의 일원으로 즉시 보일 것이다. 그래서 치료는 문제 영역의 분석과 그것과 관련된 정의로운 상황에 대한 분석을 통해 이루어졌다. 필자는 환자의 경험 세계에 참가 하려고 노력했다. 그래서 그 경험들을 이해해서 환자에게 그 의미를 전달해 주려고 노력했다. 아비시나도 이와 비슷한 일을 했다. 이 방법은 현대 심리 치료에서는 베네데티(1976)에 의해 분명하게 밝혀졌다.

제멋대로인 망상은 우리가 환각증 환자와 그의 말을 이해하는 것을 어렵게 만든다. 그 결과로 환자와 그의 세계의 고립이 커지기만 한다. 치료 중에는 환자의 경험과 생각이 얼마나 우리에게 이상하게 보이는 지와 관계없이 환자의 경험과 생각을 동일시하는 것은 중요하다. 지금까지는 일반적인 동일시는 치료를 어렵게 하는 일이고 심지어는 치료자에게도 두려운 일이었다. 그러나 조심스럽게 이야기 내용과 부분적으로 동일시하는 것은 유용한 것으로 입증되었다.

환자는 자신의 사고 방식을 남들이 이상하게 보고 있다는 것을 알아 차리면 매우 화를 내고 부정적인 반응을 보인다. 그렇지만 필자가 '정의' 에 대한 이야기를 해준 뒤에는 자신과 좀 분리해서 주제에 대해 이야기하고 자신의 망상에 대해서 웃는 것이 가능해졌다.

현명한 재판관

한 여자가 매우 화가 나서 순회 재판관인 가지에게 와서는 이상한 남자가 자신에게 강제적으로 키스했다고 불평했다. 그 여자는 이렇게

소리쳤다. "저는 정의를 바랍니다. 그 못된 놈이 벌을 받기 전에는 전 한 순간도 편안히 쉬지 못할 것입니다. 저는 정의를 바랍니다. 그것이 제 권리입니다." 여자는 이 말을 하면서 발을 동동 구르면서 재판관에게 화난 얼굴을 보여주었다. 재판관은 현명한 사람이었다. 오랫동안 생각하더니 이렇게 판결을 내렸다. "당신은 부당한 대우를 받았습니다. 그 남자는 당신에게 당신 뜻에 반해, 강제적으로 키스했습니다. 그래서 정의가 강물처럼 흘러 넘치게 하기 위해서 당신은 그에게 그에 뜻에 반하여 강제적으로 키스해야 합니다." 형집행관은 그 남자를 불러 와서 그의 벌을 받도록 명령했습니다.

환자는 두 눈을 크게 뜨고 이야기를 듣다가 큰 소리로 웃었다. 환자가 쉽게 이 이야기를 친숙하게 느끼는 것은 비교적 쉬운데 왜냐하면 이 이야기 속에서는 정의의 개념이 성적인 내용과 연결되어 있기 때문이다. 다음 시간에도 환자는 이 이야기에 대해서 또 다시 말을 꺼냈다. 정의에 대한 대화가 결정적인 순간에 이르렀을 때면 언제나 자신이 갖고 있는 정의에 대한 환상을 모든 면에서 비판적으로 보는 것을 견딜 수 있게 하는 그 이야기와 연결을 짓곤 했다.

또 다른 긴 프로그램

한 상인에게는 상품을 운반하는 150 마리의 낙타와 그의 명령대로 행하는 40 명의 종이 있었다. 어느 날 저녁에 그는 한 친구(사이디)를

초대했다. 저녁 내내 그는 조금도 쉬지 않고 계속해서 자기 문제와 어려움들 그리고 쉼 없는 경쟁의 연속인 자기 직업에 대해서 이야기 했다. 상인은 투르키스탄에 있는 그의 부와 인디아에 있는 재산들을 얘기하고 자신의 보석들을 펼쳐 보이면서 소유하고 있는 땅들에 대해 이야기 했다. 상인은 한숨지면서 "사이디, 내게는 곧 다가올 여행이 있다네. 이 여행 후에 다시 돌아 와서 얻기 힘든 휴식을 해야겠네. 이는 내가 이 세상에서 무엇보다도 더 원하는 것이네. 나는 페르시아 유황을 중국에 가져가기를 바라는데 왜냐하면 유황이 중국에서 가치가 있다고 들었기 때문이라네. 중국 화병을 중국에서 로마로 수입하기도 원한다네. 그리고 내 배가 로마 상품을 인도로 가져갈 것이네. 인도에서 철을 하랍으로 가지고 갈 것이고 거기에서 유리와 거울을 예멘에 수출할 것이고 벨벳은 페르시아로 들여올 것이라네." 상인은 얼굴에 슬픈 표정을 지으면서 믿을 수 없다는 듯이 듣고 있던 사이디에게 이렇게 선언했다. "그리고 이런 후에 내 인생은 평화와 관조와 명상과 내 생각의 최고의 목표에 도달 할 것이라네."

수백 명의 고용인을 있는 큰 공장의 소유주인, 마흔 여덟 살 된 남자가 두 자녀를 치료를 위해 데리고 와서는 말하기를 애들이 집중력이 결여 되어 있고 학교에서 문제를 일으켜서 부모에게 슬픔을 안겨 준다고 말했다. 이런 불평이 정당화될 수 있을지 모르지만 그 남자의 말은 자신의 문제를 넌지시 말할 수 있는 변명거리로서 아이들을 이용하고 있다는 느낌을 내게 주었다. 남자는 흥분하고 있었고 불안해 보였다. 우리가 자녀에 관한 이야기를 하는 것을 멈추고 그에 관한 이야기를 시작할 때에 필자의 느낌이 맞다는 것이 증명되었다. 그건 마치 문이 활짝 열린 것 같았다. 남자는 자기 자신과 자신의 문제, 그리고 상황을 바꿀 수 없는 자신의 무력함에 대해서 울먹이면서 이야기했다. 그도 역시 환자가 되고 싶다고 말하면서 말을 끝냈다. 환자는 자신이 이룬 경제적인 성공은 무시하고 이런 말들을 반복했다. “저는 버림 받았어요. 전 이룬 게 없어요.”

이런 말은 물론 성공한 사람이 자랑하는 장난의 말 일 수도 있다. 그런 요소가 있음에도 불구하고 환자가 보인 정서적인 위기는 상당히 심각했다. 환자는 무에서 부를 이룩한 자수성가 사업가인 아버지에게서 회사를 물려 받았다.. 아버지의 모토는 ‘사람은 땀으로 번 빵을 먹어야 한다.’ 였다. 환자는 건축가가 되기를 원했지만 아버지가 이를 막았다. 아버지는 계속해서 아들에게 상기시키기를 당신이 자식들을 위해 이 힘든 일을 했고 자식들을 위해 회사를 세웠다는 것이다. 환자는 아버지의 유업을 이으라는 호소를 피할 수가 없었다.

환자가 회사 내에서 자리를 잡기도 전에 아버지께서 갑자기 돌아가셨다. 그래서 환자는 회사에 대한 책임 때문에 어깨가 무거워 졌다. 동생과 일을 분담하는 한 행복의 절정에 있다고도 생각할 수도 있겠지만 동생도 자동차 사고로 죽고 환자는 회사에 대한 모든 책임과 함께 혼자 세상에 남겨지게 되었다.

환자는 아버지가 보이신 모범을 마음속에 새기고 스스로에게 이런 저런 일을 시키기 시작했다. 자신이 아버지가 하셨던 것처럼 유능한 사원을 해고 시키고 그 책임을 떠맡아서 스스로에게 점점 더 일을 많이 시켰다. 이런 성취 강박은 사생활에게까지 침투했다. 직장에서 일을 모두 다 할 수 없기 때문에 집에서 일을 할 수 있게 영수증, 서류 등을 집으로 갖고 갔다. 가족들의 행복과 충돌하는 것과는 별도로 업무에서도 점점 더 처지게 되었고 마침내는 반대로 행동하기 시작했다. 환자는 갑자기 모든 일을 중지하고 회사에 안 나가고 침대에 누워 있었다. 환자는 생각을 너무 많이 해서 매우 예민해졌으며 회사나 아버지, 동생에 관한 말을 조금만 꺼내도 감정이 폭발했다. 환자는 눈물을 흘리면서 이렇게 말을 했다. "제 능력을 다 썼어요. 전 뭘 해야 할 지 모르겠고 완전히 끝났어요."

환자가 이 시점을 수백 만 달러의 가치가 있는 건물을 세우고 회사를 확장하기로 한 때로 정한 것은 이상한 일이었다. 환자는 이 모순을 이렇게 설명했다. 그는 정말 사업에서 손을 떼고 은퇴해서 평화가 있고 조용한 삶을 즐기고 싶지만 아이들 때문에 즉 미래에 자녀들이 상속 받은 유산을 늘리기 위해서 사업을 확장했다고 했다. 눈에 훤히 보이는 이 분명한 모순이 환자에게는 아직 뚜렷하게 보이지 않았다. 그래서 '또 다른 긴 프로그램' 이란 이야기를 슬쩍 해주었다. 이 이야기는 원래 풍자이지만 환자에게 만연된 비일관성과 함께 지나친 활동과 들뜬 마음을 적절하게 묘사해 주고 있다.

환자는 이야기 속에서 자신을 즉시 알아 보았다. 환자가 이야기와 접한 것은 우리가 야심과 성공에 대해, 아버지의 이미지가 환자에게 미친 영향에 대해, 그리고 환자가 스스로에게 짐 지운 일들에 대해서 많은 이야기를 하게 된 계기가 되었다. 우리는 아버지와의 동일시 문제와 아버지가 요구하는 이상적인 인간사에 맞추어 살려는 환자의 필사적인 노력이라는 문제에 조심스럽게 접근했다. 그러나 이 문제를 다루는 것을 환자가 대단히 반대했다. 왜냐하면 아버지에 대한 생각이 경직되어 있었고 지금은 자기 문제의 반영이지만 자녀들도 회사에 대한 책임감을 느끼도록 하는 것을 추구하고 있었기 때문이다. 동시에 환자는 반복해서 강조하기를 회사가 자신을 자기 자신으로 남아 있지 않게 하고 이야기 속의 상인처럼 자기 삶을 등한시하도록 하기 때문에 회사를 증오한다고 했다.

치료의 목표는 환자가 사업상의 일들을 다른 사람에게 위임하고 사업으로 간소화하여 조직의 문제를 해소하고 보다 효율적인 방식을 채택하도록 함으로서 사업상 해야 되는 일들을 피하게 하는 것이 아니라 오히려 환자가 아버지의 그림자와 투쟁을 하고 다른 사람에게 정서적으로 지나치게 의존하려는 문제를 더 분명하게 의식하는 것이다. 상당 기간 동안 치료의 초점은 아버지의 이미지를 치료자에게 전이시켜 치료자가 모든 결정을 내리고 책임을 지게 하는 것이었다. 환자는 사업 즉 성취 동기와 개인적인 욕구 사이의 거리를 점점 더 인식하게 되었다. 목표 확장, 확장된 목표에 대한 명상, 전에는 경시했던 능력들을 다루는 치료의 마지막 단계에서는 치료 중인 환자의 변화를 그리고 있는–물론 간접적으로–이야기를 환자에게 해주었다.

텐트의 황금 대못

자기를 부정하는 것만이 기쁨이었고 희망하는 것이라곤 천국 밖에 없는 탁발승이 그때까지 만난 어느 누구보다도 재산이 엄청나게 많은 왕자를 만나게 되었다. 휴양을 위해 교외에 세워진 왕자의 텐트는 비싼 면으로 만들어 졌고 텐트를 지탱하는 대못조차도 황금으로 되어 있었다. 가끔씩 금욕에 대해서 설교를 하곤 했었던 탁발승은 세상 부의 허망함과 황금 텐트 대못의 덧없음과 인간 노력의 열매가 헛됨에 대해 줄줄이 말을 늘어 놓으면서 왕자를 비난했다. 탁발승은 또 한편으로는 성지는 얼마나 장엄하고 영원한지, 포기는 가장 큰 행복을 가져다 주는지를 설명했다. 왕자는 탁발승의 설법을 심각하게 듣고는 깊게 생각해 보았다. 왕자는 탁발승의 손을 잡고 이렇게 말했다. "제게는 당신의 말씀은 중천에 뜬 태양빛과 같으며 저녁에 부는 미풍의 청량함과도 같습니다. 친구여, 함께 갑시다. 성지 가는 길에 나와 동행이 되어 주시오." 왕자는 뒤도 안 돌아보고 돈이나 종도 없이 길을 떠났다.

왕자의 뒤를 급하게 따라가던 탁발승은 놀래서 소리쳤다. "왕자님. 진심으로 성지 순례를 가려고 하십니까? 그러시다면 잠시만 기다리십시오. 제가 순례자의 옷을 가져올 수 있도록 말입니다." 왕자는 친절하게 미소 지으면서 말했다. "나는 내 재산과 말, 금, 텐트, 종 등 내가 소유하고 있는 모든 것들을 뒤에 남겨 놓았습니다. 당신은 겨우 옷 때

문에 되돌아 가야만 되겠습니까?" 탁발승은 깜짝 놀라면서 되물었다. "왕자님, 부디 제게 설명해주십시오. 어떻게 모든 재산을 뒤로 하고 왕자의 옷도 걸치지 않고 떠날 수 있었는지를요."

왕자는 천천히, 확고한 목소리로 말했다. "우리는 천막에 쓰이는 황금 대못을 지상에 박지, 우리의 가슴에 박지는 않습니다."

5. 생각해 볼 만한 이야기 모음

모든 사람을 위해 옳은 일을 하는 것의 어려움

태양이 작렬하는 대낮에 아버지가 아들과 당나귀와 함께 먼지 풀풀 나는 케산 거리를 걷고 있었다. 아버지는 당나귀를 타고 소년은 그 뒤를 따라 갔다. 한 행인이 말했다. “불쌍한 녀석! 짧고 작은 다리로 당나귀를 따라가다니. 어떻게 소년이 헐떡이면서 쫓아 오는 것을 보면서 아버지가 당나귀를 탈 수 있을까?” 아버지는 그 말을 가슴에 새기고는 다음 모퉁이에서 당나귀에서 내리고 아들을 당나귀에 타게 했다. 그러나 얼마지 않아 다른 행인이 목소리를 높여 이렇게 말하는 것이었다. “너무 무례하구나! 조그만 애가 왕처럼 타고 가고 불쌍한 늙은 아버지는 그 옆에서 뛰어 가다니!” 이 말은 소년의 마음에 큰 상처를 줘서 소년은 아버지도 같이 당나귀를 타고 가시도록 말씀 올렸다. 그러자 베일을 쓴 여자가 이렇게 비난했다. “이런 걸 본적이 있나? 동물에게 저렇게 잔인하게 대하더니. 불쌍한 당나귀가 뒤로 넘어지겠다. 쓸모 없는 늙은이와 그 아들이 당나귀가 마치 소파인 줄 알고 타고 있다니. 아이고 이 불쌍한 짐승아!” 비난의 표적이 된 두 사람은 서로 쳐다 보더니 *당나귀에서 내렸다. 그러자 몇 발자국 떼지 않아 또 다른 행인이 이렇게 말하면서 놀렸다. “나는 저렇게 멍청하지 않음을 하느님께 감사드립니다. 둘 중의 한 사람도 태우지 않으니 당나귀가 전혀 쓸모도 없는데도 저 두 사람은 당나귀와 함께 걸어 가고 있구나?”* 아버지는 당

나귀에게 먹이를 먹이고 아들에 어깨에 손을 얹고는 말했다. "우리가 어떤 일을 하든 사람들은 비난할 거란다. 아버지는 우리가 생각하기에 옳은 것을 우리 스스로 알고 있어야 한다고 생각한단다."

하수도 청소부의 장미수

인생 전부를 도시의 하수도를 청소하고 쓰레기를 인근 야산에 운반하는데 보낸 하수도 청소부가 있었다. 세월이 흐르면서 청수부는 하수도의 악취에 아주 익숙해졌다. 청소부는 조금도 거리낌없이 용감하게 하수도 쓰레기장을 통과하여 걸을 수 있었고 코를 막지 않고도 제일 깊은 하수도 도랑을 치울 수 있게 되었다. 그러던 어느 날 그가 시장에 가게 되었다. 착한 청소부는 처음으로 시장의 골목길을 통과해 걸어가서 장미수를 파는 상점에 가게 되었다. 청소부를 제외한 거의 모든 사람에게 최고의 명품이라고 생각되는 장미 향기가 그 청소부에게는 너무나 강해서 실신해 버렸다. 모두가 청소부를 깨우려 했지만 허사였다. 사람들은 혼절한 청소부 앞에서 어찌할 바를 모르고 둘러 서 있었다. 옷차림으로 보아 의사인 것 같은 사람이 길 바닥에서 진흙 한 덩어리를 집어서 청소부의 코에 갖다 대었다. 갑자기 요술 지팡이에 닿은 것처럼 하수도 청소부가 눈을 번쩍 떴다. 구경꾼들은 이 기적에 할 말을 잊고 멍하니 서 있었다. 그러나 그 의사는 아무렇지도 않다는 듯이 말했다. "이 사람에게는 장미수가 너무 낯설었습니다. 장미수는 청소부에게는 다른 세계에서 온 물질인 거지요. 존재를 비존재로 알고 있

는 사람은 존재가 무엇인지를 어떻게 알 수 있겠습니까?"

사람이 소유한 것은 그의 것이다

한 이슬람교 신자가 모스크에서 무릎 꿇고 앉아 기도를 간절히 하고 있었다. 이 사람 곁에는 한 남자가 있었는데 그는 기도하는 남자가 신고 있는 아주 멋지고, 예술적으로 만들어져 앞이 뾰족한, 기위스라고 불리는 신발에 반해버렸다. 그는 자신도 그런 신발을 가지면 얼마나 좋을까 라고 상상했다. 그렇지만 생각한 것을 행동으로 옮기는 것은 생각한 것보다 못한 경우가 많은 법이다. 그는 기도하는 사람 뒤에 접근해서 귀에다 입을 대고 이렇게 속삭였다. "신발을 신고 하느님께 기도하면 하느님의 귀에 들리지 않는다는 것을 모르십니까?" 기도하던 남자는 기도하는 것을 방해 받았지만 아주 부드러운 목소리로 이렇게 속삭였다. "글쎄요, 비록 내 기도가 들리지 않더라도 내 신발은 그대로 간직할 것입니다."

기억보조장치

페르시아의 더운 지방에서는 마실 수 있는 물은 삶에서 가장 중요한 것 중 하나이다. 물은 특별한 물통에 담아서 보관되고 가끔은 큰 물 항아리에 담아 멀리서 운반해 오기도 했다. 한 아버지가 물을 얻기 위해 아들을 보내면서 이렇게 말했다. "아들아, 이 항아리로 물을 떠오너

라. 항아리를 떨어 뜨려 물을 버리지 않도록 조심하도록 해라." 이 말과 함께 손을 들어 아들의 머리 한 쪽을 '탁' 소리 나게 때렸다. 아들은 눈에서 눈물이 났지만 항아리에서 손을 떼지 않고 물을 뜨러 갔다. "왜 당신은 애를 때려요?" 어머니가 화가 나서 물었다. "그 애는 아무 짓도 안 했어요." 아버지는 이렇게 대답했다. "그렇게 때린 것을 애는 기억할 것이요. 내가 당신에게 말하는데 그 애 일생을 두고 물이 들어 있는 항아리를 결코 떨어뜨리지 않을 것이요. 이미 항아리를 깨뜨린 다음에 애를 때린들 무슨 소용이 있겠소?"

청소에 대한 보답

한 남자에게는 청소의 여왕이라고 불릴 만한 아내가 있었다. 아내는 집에 굴러 다니는 먼지를 모두 깨끗하게 치웠고 가구를 모두 청소했으며 방 구석에 있는 흙으로 만든, 침 뱉는 통마저 깨끗하게 비웠다. 그러나 집안 일을 하면서 정작 자기 자신은 까맣게 잊어 버리고 아주 부시시하고 헝클어진 모습을 한 채, 집안을 이리저리 뛰어 다녔다. 어느 날, 남편이 긴 여행에서 돌아와서 여행 중 몸에 쌓인 먼지를 없애기 위해 침을 뱉고 싶었다. 남편은 주위를 둘러 보고 침을 뱉을 수 있는 가장 더러운 구석을 찾으려고 했다. 그러나 집안은 구석구석 너무나 말끔했다. 그래서 아내의 얼굴에 침을 뱉을 수 밖에 없었다고 한다.

영원한 생명에 관하여

예언자 무함마드가 태어났을 무렵에 백성들 사이에서 '정의로운 자'로 불리우는 아노쉬르완 왕이 자신의 왕국을 여행했다. 왕은 햇빛이 드는 언덕에서 풍채 좋은 노인이 허리를 굽혀 열심히 일하는 것을 보았다. 왕이 수행원을 따라서 좀더 더 가까이 가보니 노인은 작은 묘목을 심고 있었다. "무슨 일을 하고 계십니까?"라고 왕이 물었다. "유실수를 심고 있사옵니다." 왕이 깜짝 놀라서 물었다. "그대는 이미 너무 늙어서 그 묘목의 잎사귀도 보지 못하겠고 그 그늘에 쉬지도 못할 것이며 그 열매도 맛보지 못할 텐데 왜 묘목을 심는가?" 노인은 고개를 들어 왕을 쳐다 보면서 말했다. "우리 앞에 살았던 사람들이 심었던 것을 우리가 수확할 수 있었습니다. 이제 우리가 심으면 우리 뒤에 오는 이들이 수확할 수 있을 것 이옵나이다."

분리된 의무들

아내가 남편에게 이렇게 말했다. "저는 더 이상 일할 수 없어요. 일이 산처럼 쌓여서 더 이상 움직일 수도 없어요. 이른 아침에 당신을 깨워야 하고, 청소해야 하고, 카페트도 청소해야 하고, 시장 봐야 하고, 저녁 식사를 위해 당신이 좋아하는 밥을 지어야 하고, 밤에는 또 당신

을 귀여워 해주어야 만해요."

닭다리를 뜯던 남편은 간단하다는 듯이 대꾸했다. "그것이 무엇이 그리도 나쁘오? 여자들은 모두 당신이 하는 일을 하고 있지 않소? 당신은 더욱이 살림을 잘 하는 사람이잖소? 내가 이런 저런 책임을 다 지는 동안 당신은 집에서 놀고 있지 않은가?"

"그래도 당신이 조금만 도와주신다면……"라고 아내가 불평했다. 관대해진 남편은 다음과 같은 아내의 제안에 마침내 동의해 버렸다. 집 안에서 일어나는 모든 일은 아내가 책임지고 집 밖에서 일어나는 일은 자신이 책임지기로 했다. 일을 이렇게 분담하자 이 부부는 오랫동안 만족스럽게 살았다.

어느 날, 남편이 친구와 함께 장을 보러 나가서 커피숍에 앉아서 물담배를 피우고 있었다. 갑자기 이웃 사람이 달려 와서 흥분하면서 외쳤다. "서둘러요. 당신 집이 불타고 있어요."

남편은 계속해서 물담배를 피우면서 놀라울 정도의 무관심으로 이렇게 말했다. "아내가 집 안에 일어나는 모든 일을 책임지기로 했기 때문에 제 아내에게 말하는 게 좋을 겁니다. 저는 집 밖의 일에만 책임을 집니다."

스승의 지혜

어느 수련생이 레슬링을 배우기 위해 유명한 레슬링 챔피언에게 갔다. 이 남자는 수년간 모두가 감탄할만한 레슬링에 재능을 보였고 또 아주 열성적으로 수련했다. "스승님, 스승님께서 저에게 가르쳐 주실 것이 여전히 남아 있습니까?" 어느날 제자가 물었다. "너는 내가 가르쳐 줄 수 있는 모든 것을 배웠다."라고 스승이 대답했다. 이 말에 젊은 레슬링 수련생은 너무나 자만심이 커져서 이제 그가 이 세상에서 최고이며 유명한 챔피언인 스승조차 이길 수 있다고 온 나라에 선언했다. 수 천명의 관객이 두 사람의 경기를 관람하기 위해 몰려 들었다. 팽팽한 접전 끝에 스승이 갑자기 놀라운 한 수로 수련생의 어깨를 잡고 수련생을 패퇴시켰다. 수련생이 숨을 헐떡이며 말했다. "이상합니다. 저는 당신에게서 모든 것을 배웠습니다. 어떻게 제가 알지 못하는 한 수에 넘어질 수 있습니까?"

챔피언인 스승이 말했다. "젊은 친구, 나는 자네에게 가르칠 수 있는 모든 것을 가르쳤지. 그러나 이 한 수는 오늘까지 나를 위해 지켰다네."

(사이디)

마지막 복수

한 남자가 마을 사람들에게 벌을 받아 마른 도랑 속으로 던져졌다. 그에게 그 동안 부당한 대우를 받았었던 마을 사람들은 이제 자기 손으로 정의를 행사할 수 있게 되었다. 사람들은 도랑가에 서서 소나기처럼 침을 뱉었다. 어떤 사람들은 땅에서 주운 진흙 덩어리를 던졌다. 갑자기 남자가 돌에 맞았다. 남자는 놀라서 위를 쳐다보고는 돌 던진 사람에게 물었다. "나는 다른 사람들을 모두 아는데 당신은 누구시길래 내게 돌을 던질 수 있다고 생각합니까?"

그 사람은 도랑가에 서서 이렇게 답했다. "나는 당신이 20년 전에 부당하게 대우한 사람이다." 죄인이 물었다. "그 동안 당신은 어디에 있었소?" 남자가 대답했다. "나는 항상 내 마음 속에 돌을 들고 다녔지. 지금 당신이 비참한 상태에 놓인 것을 보고 내 손으로 돌을 던진 것뿐이야."

태양의 어두운 면

한 학자가 날마다 예언자 무함마드에게 갔다. 어느 날 예언자께서 그를 옆에 부르더니 말씀하셨다. "우리들의 사랑이 더 커지기 위해서 그대가 여기에 매일 오기를 바라지 않습니다."그리고는 무함마드께서 다음과 같은 이야기를 말씀해 주셨다. 옛날에 어느 학자가 다음과 같은 질문을 받았다. "태양은 그렇게 위대하고 경이로운데 우리는 어떤 사람도 태양을 특별히 사랑하는 것을 들은 적이 없습니다. 왜 그런가요?" 학자는 이렇게 대답했다. "태양은 매일 우리에게 빛을 비춥니다. 그리고 우리는 겨울에만 태양을 소중히 여기는데 그것은 겨울에 태양이 멀리 있기 때문입니다."

훌륭한 사업

한 유목민이 모래 위에 무릎을 대고 앉아 있는 게으른 낙타를 채찍으로 때리면서 꾸짖었다. "일어나라. 바드마잡. 이 근본도 모르는 후레

자식아. 내 말을 무시하면 시장에서 만원에 팔아 버리겠다. 이 무가치한 짐승아. 하느님을 두고 맹세한다." 그러나 하루도 못 가 다시 이 게으른 짐승을 때리게 되었다. 유목민이 맹세한 것이 이제 일어나게 되었다. 남자는 약속을 지키려고 마음 속으로 자기 자신과 낙타, 하느님과 싸우면서 시장에 갔다. 남자는 자신의 경솔한 맹세를 후회했다. 낙타 한 마리에 만원은 너무나 적은 금액이었다. 그런데 갑자기 그에게 좋은 생각이 떠올랐다. 그는 집으로 달려가서 늙은데다가 외눈박이인 고양이 한 마리를 데리고 와서 낙타 위에 묶고 시장에 가서는 이렇게 소리쳤다. "좋은 낙타 한 마리에 만원이요. 손님들, 와서 낙타를 사시오. 이 같은 가격은 다시 볼 수 없을 것이요. 낙타 한 마리에 만원이요." 몇 사람이 관심을 가지자 유목민은 교활하게 말했다. "낙타 가격은 만원이요. 그러나 이 고양이는 99만원이고 고양이와 함께 팔아야만 하겠소." 저녁이 될 때까지 유목민은 값비싼 고양이와 싸구려 낙타를 선전했다. 많은 사람들이 둘러 서서 유목민의 교활한 상술을 비웃었고 아무도 낙타를 사려고 안 했다. 그 날 저녁에 유목민은 만족하면서 낙타와 고양이를 끌고 귀가했다. 그는 다음과 같이 말했다. "나는 낙타를 만원에 판다고 맹세했지. 나는 내가 한 약속을 지키기 위해 모든 노력을 다했지만 사람들은 그것을 좋아하지 않았지. 내 맹세가 지켜지지 않게 한 책임을 지고 그 수전노들이 벌을 받아야만 해. 그 하늘도 몰라보는 늙은 수전노들!

관상술의 이론과 실제

지식과 지혜를 배우고자 갈망하는 총명한 젊은이가 인상을 보고 사람을 알 수 있는 관상술을 공부했다. 그는 집에서 멀리 떠나 갖은 고생하면서 이집트에서 6년간 관상술 공부를 계속 하였다. 젊은이는 뛰어난 성적으로 시험에 통과해서 마침내 공부를 마치게 되었다. 그는 스스로가 자랑스러웠고 기쁨에 가득 차서 귀향하기 위해 말을 탔다. 젊은이는 길에서 만난 모든 사람들을 관상술의 눈으로 쳐다 보았고 정보 축적을 위해 그가 만난 모든 사람의 관상을 읽었다.

어느 날, 젊은이는 시기, 질투, 탐욕과 욕망, 잔인함, 무례함이라는 6가지 인상을 가진 사람을 만났다. '하느님이시여, 저 얼마나 더러운 인상입니까! 전에 저런 인상을 가진 사람에 대해서 보고 들은 바가 없습니다. 저는 여기서 제 이론을 실험할 수 있을 것입니다.'

이런 생각을 하고 있는 동안, 그 인상 나쁜 사람이 친밀하고 친절하며 품위 있는 태도로 젊은이에게 접근해서는 이렇게 말했다. "젊은이, 이미 날은 너무 저물었고 다음 마을은 너무 먼 것 같소. 우리집이 좁고 누추하지만 젊은이를 우리집에 묵게 해주고 싶소. 재가 오늘 밤에 젊은이를 손님으로 모실 수 있다면 이는 얼마나 큰 영광인지 모르오. 손님 앞에서 나는 너무나 행복해 진다오."

이 말에 놀라서 젊은이는 속으로 생각했다. "이 얼마나 놀라운 일인가! 이 사람의 더러운 인상과 말이 어쩌면 이렇게 다를지 몰라." 이런 생각이 들자 젊은이는 매우 두려워졌다. 젊은이는 과거 6년 동안 배운

것에 대해 의심을 하기 시작했다. 좀 더 확신을 가지기 위해 젊은이는 인상 나쁜 이의 초대를 받아 들였다. 그 사람은 젊은이를 차와 커피와 과일 주스와 빵과 물 담배로 대접을 했다. 그는 손님을 넘치는 친절과 배려, 선량함과 예절로서 대했고 젊은이를 자기 집에서 3일간 묵게 해 주었다. 결국 젊은이는 주인의 호의를 물리치고 여행을 계속하기로 결심했다. 젊은이가 떠날 때가 되자, 주인은 종이를 주면서 말했다. "젊은이, 여기에 계산서가 있소."

"계산서라니요?" 젊은이가 놀라서 물었다. 주인은 번개처럼 칼집에서 칼을 뽑자 마자 자신의 진짜 얼굴을 보여 주었다. 주인은 얼굴을 심하게 찡그리면서 화난 목소리로 소리를 버럭 질렀다. "뭐라고! 그럼 여기서 그 많은 음식들을 먹으면서 당신은 무슨 생각을 한거야? 이게 전부 공짜라고 생각했단 말이야?" 젊은이는 그 말을 듣자 갑자기 정신이 번쩍 들었다. 계산서에는 그가 먹었던 모든 음식과 안 먹었던 음식까지도 계산되어 있었는데 음식값보다 100배는 더 청구가 되어 있었다. 젊은이는 가진 돈으로는 청구된 돈의 절반 밖에는 낼 수 없었다. 젊은이는 강제로 말에서 내려 말을 주인에게 주고 옷과 신발을 모두 벗어 주어야만 했다. 젊은이는 기쁨에 넘쳐서 길을 가는 동안 모든 발자국마다 허리를 굽혀 절을 했다. 멀리서 한 사람이 젊은이가 하는 말을 들을 수 있었다. "하느님, 감사합니다. 하느님, 정말 감사합니다. 저의 6년간의 공부가 헛되지 않았습니다.

(압둘 바하)

진주의 가치

수탉 한 마리가 정원에서 흙 속에 반쯤 묻혀진 무지개빛 나는 진주를 보았다. 수탉이 탐욕스럽게 달려들어 진주를 파내어 꿀꺽 집어 삼켰다. 수탉이 빛나는 물체가 쌀알이 아닌 것을 알아차리자 마자 진주를 내뱉었다. 수탉은 분명히 진주를 검사했었지만 도대체 검사를 어떻게 한 건지! 진주가 수탉을 불러 말했다. "나는 빛나는, 값비싼 진주야. 우연히 나는 진짜 멋진 목걸이에서 떨어져서 이 정원에 온 거야. 이 세상 어디에도 나 같은 진주는 없지. 모든 바다가 나처럼 경이로운 진주를 가지고 있지 않아. 나는 단지 우연히 너의 발 아래에 떨어진 거야. 사람들이 바다 속에 있는 보석을 찾기 힘든 것처럼 나도 찾기 힘든 존재야. 네가 나를 지혜의 눈으로 보면 무한한 경이로움과 아름다움을 볼 수 있을걸."

그러나 수탉은 거만한 목소리로 말했다. "누군가가 나에게 쌀알 한 톨만 주면 너를 줘버리겠다."

(페르시아 시인 에테사미)

예의 바른 물라

존경 받는 세이크(수피의 스승)가 큰 파티를 열었다. 그 도시의 저명 인사들은 모두 초대되었지만 물라는 제외되었다. 그럼에도 불구하고

물 만난 고기처럼 편안하게 느끼고 있는 물라가 손님들 사이에서 보였다. 친구 한 사람이 충격을 받고 그를 옆으로 데리고 가서 말했다. "자네 여기서 무얼 하고 있나? 자네는 초대 받지 않았잖아!" 물라는 인자하게 웃더니 이렇게 대답했다. "주인은 주인 된 의무를 다 못해서 나를 초대하지 않았지만 왜 내가 예의 바른 손님으로의 나의 의무를 게을리 해야 되겠는가?"

등장 인물

라즈(1211-1300) 그리스와 아랍의 의술을 결합한 위대한 페르시아 의사. 이론에 묶여 있기 보다는 천연두, 홍역, 담석증과 같은 질병에 대해 스스로 관찰한 것들을 기록했다.

모우라나(루미)(1248-1317) 유명한 신비가. 페르시아 시인. 이름이 모우라나 다라딘 루미이기 때문에 그의 이야기는 루미라는 이름으로 기록되었다. 마사나위라는 그의 시집은 470 여 수의 시를 수록하고 있다. 이 책은 수피인 샴스에게 헌정되었는데 샴스는 '루비의 기적' 이라는 이야기에 나오는 수피이다.

무함마드(570-632) 이슬람교의 창시자. 메디나 출생. 무함마드는 610년에 예언자로서 소명을 받았다. 그의 계시의 핵심은 하느님 창조의 유일성이다. 메카에서 박해를 받고 메디나로 이주했다. 코란에 그의 가르침이 잘 나타나있다.

바압(1819-1850) 쉬라즈 출생. 이전 시대의 계시 종교의 경전에 의거하여 자신이 약속된 분의 선구자라고 주장을 했다. 타브리즈에서 처형당했고 약 2만 명의 추종자들도 페르시아 전역에 거쳐 순교 당했다.

바하올라(1817-1892) 바하이교의 창시자. 테헤란 출생. 종교적인 이유로 바그다드, 이스탄불, 아드리아노플을 거쳐 종국에는 팔레스타

인의 악카로 추방되었다. 죄수로서의 유형 생활을 39년을 했으며 100여권의 책과 서한으로 남겼다

사디(1211-1300) 시인. 가장 중요한 저서는 골레스탄(화원)인데 이 책에서 그는 이란, 인디아나, 아라비아, 북아프리카로의 40년 간의 성지 순례 동안에 쓴 시들을 소개했다. 그의 시와 격언은 이란 민속 문학의 일부가 되었으며 일상 생활에서 실질적으로 도움을 주는 것으로 귀하게 여겨졌다. 뛰어난 교사로 알려져 있다.

솔로몬(972-929 B.C) 데이비드 왕의 아들. 이스라엘의 3대왕으로 왕의 권력이 그의 재세시에 최고조에 달했다. 무엇보다도 솔로몬은 예루살렘 신전을 건축한 왕으로 알려져 있다. 잠언, 솔로몬서, 지혜의 서는 솔로몬이 쓴 것으로 추정된다.

아노우쉬르완(?-530) 사산왕조의 가장 위대한 왕으로 여겨지면 무엇보다도 성품이 정의로왔다는 점으로 잘 알려져 있다. 그의 통치시에 이야기 모음집인 칼리리 위 다마네가 인도에서 이란으로 수입되어 파힐위어로 번역되었다.

아비시나(980-1037) 귀족 출신으로 의사이자, 철학자, 외교관. 철학서와 의서를 여러 권 저술했으며 특히 [의학의 정전]은 유럽 의학의 발달에 큰 영향을 미쳤다.

알리(600-661) 무하마드의 사위. 알리를 살해한 것은 이슬람교의 수니파와 시아파의 분열을 초래했고 시아파에게는 알리가 첫 번째 이맘(무함마드의 후계자)로 간주된다. 페르시아의 이슬람 교도는 대부분 시아파이다.

에타사미, 파르빈(1906-1942) 주수프 메타사미라는 페르시아 작가의 딸. 시를 통해 다양한 사회 이슈에 대한 의견을 개진했으며 여성의 권리를 인정 받기 위해 투쟁했다. 결단력을 배양하는 것이 그녀의 목표였다.

예수(기독교력의 시작-33) 기독교의 창시자. 베들레헴 출생. 12제자와 함께 팔레스타인 땅에서 3년간 가르침을 폈다. 증거도 없이 신성모독과 정치적인 위험 인물이란 죄목으로 처형당했다. 신약 성경에 그의 업적과 가르침이 수록되어 있다.

하피스(1320(?)-1389(?)) 사디 이후로 가장 유명한 페르시아 시인. 하피스는 쉬라즈에서 전 생애를 보냈다. 가장 유명한 작품은[디반]인데 괴테의 [서동시집]에 영향을 미쳤다. 몽고가 페르시아를 침입했던 기간 동안 하피스의 이야기는 페르시아 문화의 주된 매체가 되었다.

❙ 참고 문헌 ❙

English

Baha' u' llah. *Gleanings from the Writings of Baha' u' llah*

__________ *Seven Valleys, 1975.*

Fromm, E. *Escape from Freedom,* New York, 1941.

__________ "The Oedipus Complex and the Oedipus Myth," 1949, in: R.N. Anshen, *The family: Its functions and Destiny,* New York, 1949.

Gifford, E. W. *Mohave and Yuma Indians*, cited in R. Wood, *World of Dreams; An anthology,* New York, 1947

James, W. *The Dilemma of determinism,* first published in 1884.

Jung, C.G., *Memories, Dreams, Reflections,* New York, 1963.

German

Abdu' l Baha, *Beantwortete fragen,* Frankfurt, 1962.

Ackerknecht, E. H., *Geschichte der Medizin,* Stuttgart, 1955.

Andrae, T., *Islamische Mystiker,* Stuttgart, 1960.

Battegay, R., *Narzismus and Objektbeziehungen: über das Selbst zum Objekt,* Bern, 1977

Benedetti, G., *Der Geisteskrnake als Mitmensch,* G?ttingen, 1976

Daschti, A., *Über Hapis(Persisch),* Teheran, 1958.

Etessami, P., *Diwan*(Gesamtwerk, Persisch), Teheran, 1954.

Fetscher, I., *Wer hat Dornröschen wachgeküst? Das Märchenverwirrbuch,* Frankfurt, 1972.

Freud, S., *Der Witz und seine Beziehung zum Unbewusten,* Gesammelte

Werke Bd. VI, Frankfurt, 1973.

Fromm, E., *Märchen, Mythen und Träume, Zürich,* 1957.

Ghowharin, S., *Biographie über Avicena*(Persisch), Teheran, 1953.

Goeppert, S., "Vom Nutzen der Psychoanalse für die literaturkritik," *Confinia psychiat,* 20:95-107, 1977.

Meves, Chr., *Erziehen und erzhlen: über kinder und märchen,* Berlin, 1971.

Meyer-Steineg, Th. und Sudhoff, K., *Geschichte der medizin im überblick,* Jena, 1921.

Mowlana, Massnavi, *Gesamtwerk,* Teheran, 1960.

Peseschkian, N., *Positive Psychotherapie: Theories und Praxis einer neuen* Methode, Frankfurt, 1977.

__________. *Schatten auf der sonnenuhr, Erziehung, Selbsthilfe Psychotherapie,* Wisbaden, 1974.

__________. *Psychotherapie des Allrasgsgebens: Training zu Partnerschaftserziehung und selbsthilfe,* Frankfurt, 1977

Saadi, *Gholestan*(persisch), Teheran, 1953.

Sager, C. J. und Kaplan H. S. (Hrsg.) *Handbuch der Ehe-, Familien und Gruppentherapie,* 3. Bd., M?nchen, 1973.

Schnütgen, W.,." "*Die Kalifen und ihre Ärzte, in Zeitschr, Für Naturheilkunde,* Heft 4, April, 1978.

Towhidipour, M.(Hrsg.) *Maus und Kartze von Scheich Bahai*(Persisch). Teheran, 1958.

Wartzlawick, P., Beavin, J. H. und Jackson D. D., *Menschliche Kommunikation: Formen, Störungen, Paradoxien,* Bern, 1969.

__________. Weakland, J. H., und Fisch, R., Lösungen: *zur Theorie und Praxis menschlichen Wandels,* Bern, 1974.

Wolpe, J. *Praxis der Verhaltenstherapie,* Bern, 1972.

❙ 찾아보기 ❙

❙ 저자 소개 ❙

페제스키안 박사는 1933년에 페르시아에서 태어났으며 1954년 부터 독일에서 살았다. 프라이버그, 마이쯔, 프랑트푸르트에서 공부한 후에 독일, 스위스, 미국에서 심리치료 훈련을 받았다. 페제스키안 박사는 포지티브 심리 치료의 창시자이며 독일 헤센 주 의학 협회의 심리치료 아카데미에서 평생 교육을 담당하는 부교수로 재직하고 있다. 페제스키안 박사는 신경학, 정신 치료, 심리치료 전문가로서 1969년 이래로 비스바덴에서 개업의를 하면서 심신상관 의학과 심리 치료를 중점적으로 강조하고 있다. 박사는 책과 논문을 여러 편 저술했다. 1977년에 주요 저서로 알려진 *'포지티브 심리치료 : 이론과 실제'*를 피셔 베라그 출판사에서 펴냈고 1980년에는 *'포지티브 가족 치료'*가 출간되었다. 피셔사의 문고판으로 *'일상 생활에서의 심리치료'*(vol. 1855)도 나왔다.

❙ 역자 소개 ❙

역자

이화여자대학교 대학원 심리학과 상담심리전공 석사

스위스 란데그국제 대학원 심리학과 영성심리전공 석사

한국 버츄프로젝트 Master Facilitator Transformation Game FT

농협대 강사(인성교육)

현 이화여자대학교 대학원 심리학과 상담심리 박사과정

현 이화여자대학교 평생교육원 강사(이상심리)

현 주) 룩스컨설팅 코치

e-mail: seungeun5@hotmail.com

이야기 심리치료

초판 인쇄일 • 2008년 8월 1일
초판 발행일 • 2008년 8월 15일

저　자 • Nossrat Peseschkian, M.D.
역　자 • 오 승 은

편　집 • 림디자인 김현림
마케팅 • 임 진 만

도서출판 하나의학사
110-092 서울특별시 종로구 홍파동 13-4, 한솔빌딩 1층
전화 • 02) 730-2555~6 | 팩스 • 02) 730-2557
등록번호 • 제2-541호 (1988. 4. 1)
hanampc@yahoo.co.kr

정가 13,000원

ISBN 978-89-92141-32-1-12330